优化你的人生

（加）Vincen / 著

海天出版社（中国·深圳）

图书在版编目（CIP）数据

优化你的人生 / （加）Vincen著. — 深圳：海天
出版社，2017.8
ISBN 978-7-5507-1893-7

Ⅰ. ①优… Ⅱ. ①V… Ⅲ. ①自我管理－手册 Ⅳ.
①C912.1-62

中国版本图书馆CIP数据核字(2017)第036046号

优化你的人生
YOUHUA NI DE RENSHENG

出 品 人　聂雄前
责任编辑　张绪华　涂玉香
责任技编　梁立新
封面设计　元明•设计

出版发行　海天出版社
地　　址　深圳市彩田南路海天综合大厦（518033）
网　　址　www.htph.com.cn
订购电话　0755-83460397（批发）　83460239（邮购）
设计制作　深圳市知行格致文化传播有限公司 Tel：0755-83464427
印　　刷　深圳市希望印务有限公司
开　　本　787mm×1092mm　1/16
印　　张　12.75
字　　数　171千
版　　次　2017年8月第1版
印　　次　2017年8月第1次
定　　价　38.00元

▟ 前 言

少犯一个错，节约上百万元

在人类发展的文明史中，发生过无数次的灾难。其中的许多灾难，包括一些极为严重的灾难，并不是天灾所致，而是过失造成的。如果人们能够采取某些措施来阻止这种灾难的发生，将会给人类带来极大的福音。任何人都会犯错，全球目前有70多亿人口，以最保守的水平估计，如果平均每人每年只犯两三个错，那么全球每年就会有几百亿个过错发生。如果能够采取有效的措施将这些过错减少一半，那么全球每年就可以避免上百亿个过错发生。这将会给人类减少难以计数的人力物力上的损失，为地球节省巨大的资源。这要比任何一种发明创造更有意义。

那么，采取什么措施可以减少可能发生的过错呢？这就是本书倡导的理念：建立"个人质量管理体系"，以提高人们的素质，减少差错，提高做事成功率。这是一个全新的领域。本书的著者是全世界第一位引入"个人质量管理体系"概念的人；本书也是全世界第一部有关"个人质量管理体系"的书籍。著者在此书中创建的个人质量管理体系由几部分组成：个人质量保证体系、人生战略规划及行动计划、隐患的预防与过失的纠正、个人能力的持续提高等。

　　在生活中建立个人质量保证体系，可以帮助人们正确处理日常生活事项，在各方面减少失误的概率，因而增加成功的机会。从宏观的角度来看，人生战略规划可以帮助人们科学地、合理地对自己的未来发展作出长期规划，指导自己的人生进程，以减少或避免在人生旅途中发生过错。人生各阶段目标的实现基于一个个行动计划的实施与完成。对日常生活中出现的过错、失误和不合格项等作出正确的分析以得出其产生的根本原因，并在此基础上采取改进措施，可以有效预防此类错误的重复发生。运用个人质量管理体系和质量工具可以有效地提高个人技能，解决存在的问题，发挥自身优点和专长，改正缺点，从而提高个人学习新知识和掌握新事物的能力，提高生活质量，优质化人生。

　　"个人质量管理体系"将为卓越人生提供一种新的科学有效的管理方法。它开拓了一个与任何人都息息相关的新领域，来帮助世人在其人生中取得更多成功。本书创立一种新的知识体系并提出详尽的方法来指导人们在建立和实施"个人质量管理体系"过程中，如何运用质量管理体系、质量工具和方法来解决存在的问题，提高自身素质，增加成功的机会。

阅读此书并不需要特别高的教育程度和专业知识，它适合大部分读者，特别是学生和刚步入社会的年轻人。著者以易于理解的方式讲述了如何在生活中建立和运用个人质量管理体系，优化自己的生活和人生。在阅读了此书之后，人们会受益匪浅，获得崭新的知识理念。

本书将会帮助人们树立自强上进的信心，改变思维方式和做事方法，更加合理地把握好自己的现在和未来，将为人生赋予新的意义，为生活添光加彩。本书在改变人的思维方式和做事方法的同时，也将为人类的精神文明和文化修养的提高开辟一个新的途径，为人们帮助自己走向成功提供有效的管理方法，相当有参考价值。因此，著者期望本书能够产生较大的社会正效益，为人类的文明进步创建一个新的里程碑。

目 录 CONTENTS

1

第一编 回顾历史

人的因素至关重要。

历史事件回顾

CHAPTER 1

　　在人类创造的活动中，人的因素是最重要的。任何事情的成功都离不开个人的努力。而在某些关键时刻，人的素质变得至关重要，决定着事情的成败。许多意外事件的发生也是人所造成的。在人类发展的文明史中，已经历了无数次的灾难。其中的许多灾难和损失，包括一些极为重大的灾难和损失，并不是因天灾所致，而是过失所造成的。首先，本书将通过几个历史事件，从质量管理的角度来看一下人的因素（即个人素质），以及个人的工作质量在这些灾难和损失中扮演了何等的角色。

▌ 泰坦尼克号灾难

泰坦尼克号是英国客轮，在她的处女航——从英国南安普敦到美国纽约市的途中，与冰山相撞后沉没在北大西洋。当泰坦尼克号于 1912 年 4 月 15 日凌晨 2：20 沉没海底时，大约有 1500 人因为没能上救生艇而留置在船上。大约只有 705 人（其中大部分是妇女和儿童）待在救生艇上，直到后来被卡帕西亚号船营救。

泰坦尼克号发生意外事故的原因是泰坦尼克号的瞭望者没能及时发现前方出现的巨大冰山（具体原因不详）。当他发现前方出现巨大冰山而紧急转舵时，为时已晚。这属于工作中的疏忽，无法求全责备。但是，泰坦尼克号上约 1500 人的丧生是由于泰坦尼克号处女航的决策者对安全保障问题的疏忽所导致的，没有采取正确的方式来保障乘客的安全。泰坦尼克号总共可携带 64 条救生艇，最多可以容纳 3547 人。出航前，泰坦尼克号最初计划携带 48 条救生艇，这将有足够的空间来承载船上大约 2228 位乘客。但为了使甲板看起来更简洁，救生艇的数量被减少。泰坦尼克号船上实际只携带了 20 条救生艇：2 条木船（每个容量 40 人），14 条 30 英尺（1 英尺 ≈ 0.3048 米。——编者注）长的木救生艇（每条容量 65 人），4 条折叠或 "可折叠" 救生艇（每条容量 47 人）。这 20 条救生艇最多只能容纳 1178 人，而船上大约有 2228 名旅客。

因此，我们可以说，泰坦尼克号上约 1500 条生命的丧失完全是因为错误的人为决定。在泰坦尼克号之旅的年代，还没有"质量保证"的概念，但应该已有"安全保证"的概念。在泰坦尼克号启航前，船上所携带的救生艇的数量由 48 只减少到 20 只，正是这一违反安全保证的错误决定导致了约 1500 人丧生。

� 西安空难

1994 年 6 月 6 日上午，中国西北航空公司的 WH2303 航班原计划是由西安飞往广州。机上有飞行员 5 人，乘务组人员 9 人，旅客 146 人。飞机机型是苏制图 –154M 型 B2610 号。当飞机起飞离地 24 秒后，机体发生异常飘摆，幅度很大。机组随即向地面的飞行控制中心报告了这一情况。随后，飞机用 400 公里的时速保持爬升，增加高度。但机体持续左右摇摆，幅度增大。飞机难以控制，响声越来越大，飞机摆幅达到 30 度。飞机驾驶舱接通了自动驾驶仪，试图让飞机自行更正摆幅。5 秒后，摆幅持续增大，驾驶员随即断开自动驾驶仪。飞机随后自动偏离了航向，开始向右作不规则转弯。此时，飞机已到达 4717 米高度，爬升速度十分缓慢。接着，飞机出现自动抬头现象，仰角达到 20 度，时速瞬间降到 380 公里。驾驶舱里持续响起失速（机翼在攻角超过某个临界值后，出现举力系数随攻角增大而减小的现象。当失速时，飞机会产生失控的俯冲颠簸运动，发动机发生振动，驾驶员操纵失控。——编者注）警报。突然，飞机向左滚转，接着进入大角度、高速度俯冲，侧倾角达到 70 度。在随后 12 秒中，飞机从 4717 米高度疾速下降到 2884 米，平均每秒下降 150 米！严重过载远远超过了飞机额定的承受能力。超速警告响彻驾驶舱。大约在起飞后的 8 分钟左右，驾驶舱语音记录传来"喱！喱！"两声机体断裂巨响，随即黑匣子停止了记录。飞机在 2884 米高度上空中解体，失事地点距起飞处咸阳机场 49 公里。机上包括 14 名机组人员和 146 名中外乘客共 160 人全部遇难，无一幸存。

从事故现场收集到的残骸证实：自动驾驶仪安装座上有两个插头相互插错，即控制副翼舵的插头（绿色）插在控制方向舵的插座（黄色）中，而控制方向舵的插头（黄色）插在了控制副翼舵的插座（绿色）中。在正常情况下，飞机离地后便成了自由体，当受到外界气流干扰时，会产生轴向角加速度，使飞机偏离预定状态。此时，安装在飞机上的阻尼器会产生阻止飞机偏离预定状态的阻尼力矩，使飞机恢复正常状态。但是，在控制航向阻尼与控制滚动阻尼两个插头相互插错的情况下，不仅未能产生稳定飞机姿态的阻尼作用，反而促使飞机反复偏航与滚动。因此，这两个插头的相互插错，导致飞机的横向飘摆愈演愈烈，最终酿成飞机的方向舵、尾翼以及右机翼等相继折断而使飞机解体。

如果从更深层次分析原因，有以下几点：

设计上尚未采用防错措施。 20 世纪 60 年代研制的图 –154M 飞机在设计上尚未采用防错措施，其方向舵、副翼舵的插头为同一型号并可以互插，两者涂有不同颜色以示区别。只要查看一下插头和插座的颜色，就不应该插错。

从业人员责任心及安全意识缺失。 任何一个无色盲的操作者都能准确地将绿色插头插入绿色插座中，将黄色插头插入黄色插座中。1994 年 6 月 4 日晚，一名从业 10 多年的电气工程师带着 2 名助手进行维修操作，却犯下了将两个插头相互插错而未检测出来的低级错误，这反映出从业人员的责任心及安全意识的缺失。

质量保证体系不健全。 西安空难事故是由多个因素构成的因果链未被及时切断所致。它充分表明，当时西北航空公司的质量保证体系非常不健全。

由严密的"三检"（自检、复检和专职检验）为基础的质量保证体系，是确保飞行安全的关键。对航空装备这类系统庞大、结构复杂、技术密集的高科技产品，要保证其使用过程的安全可靠，无论是设计制造单位，还是使用维修部门，都必须对各个关键环节实行严格的"三检"制度。就此次空难事故而言，在直接操作人员出现操作失误，将两个插头相互插错的情况下，只要严格执行"三检"

制度，就能及时纠正这一致命错误。遗憾的是，3 名维修人员既未进行自检，也未进行复检。另外，负有专职检验职责的值班主任擅离岗位，未能履行自己的职责。

管理混乱。这一事故的发生充分反映出当时该航空公司的管理混乱，具体表现在以下 3 个方面。

第一，值班主任玩忽职守，擅离岗位。负有专职检验责任和签发放飞权责的值班主任，不仅没有对维修过的设备进行检验，而且在维修人员尚未完成检测试验的情况下，竟然在空白的执行任务单上先行签字同意飞机放飞，并提前离开自己的岗位。

第二，违规操作。图 -154M 型飞机维修大纲规定：在拆装自动驾驶仪安装架后，要进行 4 步检验：通电阻尼自检；通电阻尼内检；性能参数测定；试飞考验。然而，由于值班主任已在执行任务单上签字同意放飞，且已先行离开了工作岗位，3 名维修人员在仅仅进行前两道检测程序（这两个程序检测不出插头插错）而未发现问题的情况下，离岗而去，没有进行极其重要的第 3 道检测程序——性能参数测定，致使相互插错的两个插头再次未被检测出来。

第三，应急处置指令受阻。面对飞机离地后越来越严重的横向飘摆，机长向地面指挥员询问其原因，但因情况紧急，地面指挥一时也说不清楚，只好指示机长："先将飞机上升一定高度，而后返航"。此时，机长看到飞机越摆越严重，便果断下令："关掉自动控制通道，改用手动操纵返航"。遗憾的是，随机电气工程师拒不执行这一指令，失去了避免这次空难事故的最后机会。

此次空难完全是由于多次的人为错误而造成的，而且是如此多人犯下的不同的错误：电器维修助手把插头接错且没有进行自检；电气工程师及另一位助手没有进行复查；值班主任玩忽职守，在维修检测过程没有完成之前就签字放行，且擅离岗位；3名维修人员在不按照质量保证体系规定的程序对维修后的飞机做飞行前的全面测试就草草收工；机长是对飞机安全全权负责的人，但随机电气工程师拒不执行机长的指令，使得手动驾驶操纵这一唯一能够在空中解救此次空难的措施，没有机会得以实施。这5个环节中的许多错误都严重违反了当时质量管理体系设定的程序。这5个环节都有可能发现或改正这一错误，避免此次空难的发生，但由于当事人玩忽职守，严重违反质量管理体系的操作程序，而失去了发现和纠正这一错误的机会，最终导致机上160人全部丧生。

由此可见，相关人员玩忽职守以及严重地违反质量管理体系的操作程序是造成西安空难的根本原因。

▌挑战者号航天飞机灾难

挑战者号航天飞机灾难发生于美国东部时间 1986 年 1 月 28 日 11：39。挑战者号航天飞机升空后，因右侧固体火箭助推器的 O 形环密封圈失效，使得原本应该是密封的固体火箭助推器内的高压高热气体泄漏。这些气体影响了毗邻的外储箱，在高温的烧灼下结构失效，同时也让右侧固体火箭助推器尾部脱落分离。最后，高速飞行中的航天飞机在空气阻力的作用下于发射后的第 73 秒解体，机上 7 名机组人员无一幸免。解体后的残骸掉落在美国佛罗里达州中部的大西洋沿海处。

但在此次发射前，已存在证据证明此次发射的安全性不足，且在发射的前一天，有供应商的工程师对航天飞机所使用的密封圈的可靠性提出了质疑。

发射前，天气预报称，佛罗里达州 1 月 28 日的清晨将会非常寒冷，气温接近 − 0.5 ℃。这也是允许发射的最低温度。过低的温度让齐奥科尔公司的工程师非常担心，该公司是制造与维护航天飞机固体火箭助推器部件的承包商。在 27 日晚间的一次远程会议上，齐奥科尔公司的工程师和管理层同来自肯尼迪航天中心和马歇尔航天飞行中心的美国国家航空航天局管理层讨论了天气问题。部分工程师再次表达了他们对密封固体火箭助推器部件接缝处的 O 形环能否耐寒感到担心。他们指出，低温可能会导致 O 形环的橡胶材料失去弹性。并认为，如果 O 形环的温度低于 11.7 ℃，可能无法保证其有效密封接缝。这是一个相当重要的考虑因素，因为固体火箭助推器所使用的 O 形环被指定为"临界 1"，也就是说，如果该组件失效，将没有其他备份零件可替代；而如果主要和次要的 O 形环密封功能都失效的话，将会导致机体被破坏而让机组人员丧命。

美国国家航空航天局管理层对此展开了讨论。他们一直在思考，当橡胶材料的主要 O 形环失效时，次要的 O 形环是否还会让固体火箭助推器持续保持密封状态。然而这个疑问从未被证实，而按流程也不能草率处理。齐奥科尔公司的工程师也提出，发射前一天夜间的低温，可能把固体火箭助推器的温度降到 4 ℃的警戒温度以下。而事实证明，当天晚上发射前的温度，仅有 - 8 ℃左右，明显低于警戒的标准。齐奥科尔公司的管理层最初建议推迟发射，但是美国国家航空航天局的官员则反对延迟发射。最终，齐奥科尔公司的管理层改变决定，建议按原计划的日程进行发射。

由于低温，航天飞机旁矗立的建筑被大量冰雪覆盖。冰雪小组用了一整夜的时间来移除冰雪。在看到如此多的结冰情况时，其他相关公司的工程师感到很震惊，担心不能完全保证航天飞机安全地发射。于是，美国国家航空航天局决定将发射时间再推迟 1 小时，以便冰雪小组进行另一项检查。在最后一项检查完成后，冰雪也开始融化了。最终，决策者决定挑战者号在美国东部时间 1 月 28 日

11：38 发射。

这次事故总统调查委员会的报告认定，挑战者号的意外是由右侧固体火箭推进器尾部一个密封接缝的 O 形环失效，导致加压的热气和火焰从紧邻的外加燃料舱的封缄处喷出，造成结构损坏。O 形环的失效则由于设计上的缺陷以及发射那几天的低温。齐奥科尔公司承认了 O 形环设计上存在的缺陷。

报告也强烈地批评了挑战者号发射的决策过程，认为它存在严重的瑕疵。报告明确指出，美国国家航空航天局的管理层在沟通上的失败，导致了这次挑战者号的错误发射决策，而这一决定是建立在信息不全基础上的。

美国众议院科学与技术委员会也发表了他们关于挑战者号事故的报告。在调查的过程中，他们重新审视挑战者号航天飞机事故总统调查委员会的发现，并同意他们所指出的技术肇因，不过在所占比例上有所不同。众议院科学与技术委员会认为，导致挑战者号事故的根本原因，并非拙劣的沟通技巧或基本的程序，而在于美国国家航空航天局高层与承包商多年来拙劣的技术决策过程——他们未能果断地行动，以解决固体火箭助推器接缝存在的日益严重的问题。

本书的著者认为，如果说 O 形密封圈设计上的缺陷需要时间来改正，至少可以把挑战者号的发射推迟到气温不低于 12 ℃的天气来发射。这样，O 形密封圈就完全可以正常工作，就不会有挑战者号灾难的发生。齐奥科尔公司的管理层没有继续坚持其推迟发射的建议，而建议发射进程仍按原计划日程进行。这一错误的人为决定，说明齐奥科尔公司管理层的素质低劣，不按照实事求是的原则来工作，这是造成挑战者号灾难的主要原因。而美国国家航空航天局的决策层没有客观全面地审视齐奥科尔公司推迟发射的建议，而一意孤行地坚持按原计划日程进行发射。综上所述，正是这些人为的错误决定导致了挑战者号航天飞机机毁人亡。

▐ 帕尔波·阿尔法石油钻塔灾难

20 世纪 80 年代，英国的帕尔波·阿尔法石油钻塔当时每天的产能是 31.7 万桶原油，是当时世界上最大的石油基地。1988 年 7 月 6 日，这一石油钻塔发生了事故。在 2 小时内，90 多米高的钻塔被大火吞没，167 名工人丧生。

帕尔波·阿尔法石油钻井平台通过其上面的两个冷凝泵（命名为 A 和 B），把冷凝的油输送到岸边。在 1988 年 7 月 6 日，作为维护计划的一部分，A 泵的压力安全阀被拆下进行常规的维护。打开的冷凝管被暂时用盘盖来封住。由于工作没能在 18：00 完成，盘盖留在了管道上，并且只是用手拧紧了。工程师填写了许可证并说明

A 泵还没有检修好，在任何情况下都不能开启使用。但是此份填好的许可证，在后来发生危急情况时，却一直未被看到。而在后续的灾难调查过程中，这份填好的许可证却在海底被找到。

18：00 白班结束，夜班开始，有 62 人运行钻井平台。因为看到夜班经理在忙，白班进行 A 泵维修的工程师没有告知夜班经理有关 A 泵的状况，而把填好的许可证放在一个盒子里就离开了。

由于当天早些时候就存在的甲醇系统问题，到 21：45，水合物已经开始在气体压缩系统管道中积累，引起堵塞。由于这种堵塞，冷凝液泵 B 停止后再无法启动。因为在整个海岸线上施工作业的电源均来自于该泵，夜班经理只有几分钟的时间使泵重新联机，否则电源将彻底被断开。于是，夜班经理查找文件，以确定冷凝泵 A 是否能够启动。但没找到白班工程师填写的阐明"在任何情况下都不可以开启 A 泵"的条件状况许可证，却找到了对 A 泵要做大修的许可证。因此，夜班经理并不知道白班对 A 泵的检修状况。由于 A 泵上拆下的安全阀是存放在远离 A 泵的地方，白班工程师填写的许可证也被存放在不同的盒子，且是以位置排序的，所以在场的人都不知道该机器的重要的组成部件已被拆除。夜班经理从当时已有的文件来假定可以安全启动 A 泵。没有任何人注意到失踪的安全阀，特别是安全阀被金属盘替代部位距离地面有几米高，且被机器遮挡住了。

21：55，冷凝泵 A 被接通。天然气流涌入泵中，由于没有安全阀，压力超出界限，而手动装配的金属盘因无法承受如此大的压力而崩坏。于是，逸出的天然气发生爆炸，气流穿透了防火墙。有人按下了紧急停车按钮，关闭了海上的巨大阀门，停止了所有石油和天然气的生产。

从理论上讲，此时该平台已与石油和天然气体隔离开来了，并且火势已得到了控制。然而，由于该平台最初是为石油开采而不是为天然气开采而设计的，所以，防火墙的设计是用来抵御火灾，而不是承受爆炸的。于是，第一次爆炸就打破了防火墙，组成防火墙的面板被炸飞。其中一块面板击破了油管，引发了另一场火灾。

如果马上关闭所有的油路管道，火势也会逐渐减弱。但是值班经理并没有获得事故控制中心关闭油路的许可。因为油路一旦关闭，需要几天的时间才能重新启动，会造成巨大财产损失。原油不断地提供给继续燃烧的火势，直到产生第二次爆炸。在初始爆炸20分钟后，大直径（900毫米）天然气管道强度减低并爆裂，释放出每平方英寸（1平方英寸 ≈ 0.0006452平方米。——编者注）2000磅（1磅 ≈ 0.4535924千克。——编者注）压力的天然气，产生了第二次爆炸。

像许多其他的海上平台一样，帕尔波·阿尔法石油钻井平台有一个自动灭火系统，由柴油泵和电动泵驱动（后者由于最初的爆炸而不能用了）。柴油泵被设计成了能够吸入数百吨的海水来灭火（虽然在紧急情况下不能从控制室远程启动）。该泵有一个自动控制装置供发生火灾时启动。然而，此消防系统在7月6日的晚上处于手动控制状态。因为帕尔波·阿尔法平台上的程序规定，任何时候，只要水中有潜水员，此泵就要处于手动控制状态。所以，此自动灭火系统在整个火灾中没能被使用。

许多人躲进住宿区的避难所。由于住宿区不具有防烟雾的功能，进进出出使烟雾进入。当人们受到火势阻挡而不能够登上救生艇时，很多人就跳入海中。其中有 61 人通过这一行动幸存下来。该住宿区后来滑落入海，随后平台的主要部分也跟着滑入海中。共有 167 人在这次灾难中失去了生命。整个事故发生在短短的 22 分钟内；火灾一直持续到深夜。

导致这次灾难的原因是多方面的，其中包括：在不知道 A 泵确切的维修状态情况下启动它；工作许可制度的管理存在漏洞，始终未能找到白班工程师填写的阐明"在任何情况下都不可以开启 A 泵"的许可证；防火墙没有升级为防爆墙，只能防火，不能防爆炸；飞溅的防火板击破了油管产生了新的火势；当班经理无权关闭油路，继续供应的石油和天然气导致火灾继续扩大，并导致了第二次爆炸；自动灭火系统处于手动控制状态，在整个火灾中没能被使用。这些都是导致这场灾难的原因。

本书的著者认为：如果白班进行 A 泵维修的工程师在下班时与夜班经理口头交接一下有关 A 泵的状态，这场世界上最大的石油钻塔事故将不会发生。

▇ 哥伦比亚号航天飞机灾难

哥伦比亚号航天飞机灾难发生在 2003 年 2 月 1 日，当哥伦比亚号从太空返回，重新进入地球大气层时，在得克萨斯州和路易斯安那州上空发生解体，造成 7 名机组人员遇难。

在哥伦比亚号执行第 28 次飞行任务即 STS-107 飞行器的发射期间，一块泡沫绝缘材料从航天飞机外挂燃料箱上破裂后击中了左翼。在之前的航天飞机发射过程中，也出现过因泡沫脱落而造成的轻微损坏，但部分工程师怀疑哥伦比亚号受到的损坏是比较严重的。美国国家航空航天局限制了这方面的调查，理由是就算它被证实，机组人员也无法解决这一问题。当哥伦比亚号航天飞机进入地球的大气层，通过这一损坏部位，热的大气层气体渗透进入机体内部并破坏机翼结构，让航天器变得不稳定并慢慢解体。

调查报告证实了事故的直接原因是，发射过程中脱落的绝缘泡沫所造成的左翼前缘的缺口。哥伦比亚号失事后，美国国家航空航天局在调查后得出结论，在安装过程中的失误很可能是泡沫脱离的原因，并且重新培训组装员工正确安装泡沫。

在以前的 4 次飞行中，STS-7（1983 年）、STS-32（1990 年）、STS-50（1992 年）以及 STS-112（2002 年），都曾观察到两脚斜坡保温层有过部分或全部的脱落现象，但所有受到影响的航天飞机都圆满地完成了飞行使命。美国国家航空航天局管理部门将这种现象称为"泡沫塑料脱落"。任务管理团队主席也深知这一点。在 2002 年 10 月 31 日，会议作出继续发射的决定时，任务管理团队主席和航天飞机项目经理都在会议的现场，似乎已习惯了这些看似没有造成严重损害的现象。

从质量管理体系的角度分析，哥伦比亚号航天飞机灾难是因为美国国家航空航天局没有按照质量管理体系中的要求对不合格项或偏差及时采取纠正预防措施而导致的。在哥伦比亚号发生灾难之前，已经有 4 次泡沫脱落的事件发生。其实，在第一次泡沫发生脱落之后，就应该寻找泡沫脱落的根本原因，制定并实施有效的纠正预防措施。但在 20 年期间（1983—2002 年），美国国家航空航天局一直都没有采取措施寻找根本原因，来解决泡沫脱落的问题。其理由是，这 4 次泡沫脱落都未造成巨大损失。然而，一旦造成损失，已经为时过晚，而且损失惨重。在哥伦比亚号发生灾难之后，美国国家航空航天局才找出了泡沫脱落的根本原因，并采取了预防措施。

本书的著者认为：美国国家航空航天局的管理层对于存在的隐患不及时采取预防和纠正措施，而习惯于没有造成严重损害的偏差的发生，即所谓的"偏差的正常化"，并容许有可能发生泡沫脱落的飞行过程继续进行，导致了哥伦比亚号航天飞机的灾难。所以，正是这种错误的决策和违反质量管理原则的做法导致了这场灾难。

▸ "9·11事件"中世贸双塔倒塌的原因

2001 年 9 月 11 日 8：46 分，美国航空公司第 11 次航班以大约每小时 490 英里（1 英里 ≈ 1.609 千米。——编者注）的速度撞向纽约世贸中心一号楼（亦称"北塔"），撞击位置为一号楼的 94—98 层。9：03，美国联合航空公司第 175 次航班撞向世贸中心二号楼（亦称"南塔"），撞击位置为二号楼的 78—84 层。两座大厦分别于上午 9：59 和 10：28 坍塌。邻近的世界贸易中心七号楼也于当天 17：20 倒塌。包括劫机者在内的共 2749 人在这次袭击中死亡。

由于关于世界贸易中心七号楼倒塌的信息有限，这里只讨论世界贸易中心一号楼和二号楼（双塔）倒塌的原因。

世界贸易中心二号楼在 9：03 分遭受撞击后，部分楼层燃烧了 56 分钟后，于 9：59 倒塌。世界贸易中心一号楼在 8：46 遭受撞击后，部分楼层起火，大约燃烧了 102 分钟后，于上午 10：28 坍塌。两座大厦应该是同样的设计和建造，为什么二号楼在被撞后的 56 分钟坍塌，而一号楼在被撞后的 102 分钟才坍塌？回答此问题前，我们先分析一下两座大厦坍塌的原因。

从质量管理的角度来看，汽车制造行业在设计工作中都要对所设计的产品作失效模式的效果分析（DFMEA）。建筑行业在设计大厦时，也要对所设计的大厦作产品失效模式的效果分析。据报道，在设计纽约世贸双塔时，设计者已考虑了诸如炸弹、火灾、台风、飞机撞击等意外灾害的失效模式，大楼外部结构使整个楼体异常坚固，可承受每小时 200 英里的风力所产生的压力，而且可以承受一架波音 707-340 飞机的撞击。

世贸大厦的支撑结构是由外围的钢网和核心的 47 根钢柱来支撑的。双塔在受到飞机撞击后，每个塔的被撞击层究竟有多少根核心钢柱被截断，应该是未知数。事实上，飞机撞上双塔后，后者并没有立即倒塌，就很好地证明了大厦在机械强度上的确可以承受飞机的撞击。

导致双塔坍塌的重要原因是飞机携带的几十吨的燃油引发的持续的大火。但是有文章说，目前还没有钢结构大厦因火灾而倒塌的先例。1975 年世贸大厦的北塔曾发生过一次火灾，持续了 3 个小时，大厦并没有坍塌。2005 年，西班牙马德里的温莎大厦火灾持续了 20 个小时，钢结构依然没有坍塌。本书的著者认为，这些资料中所说的"没有钢结构大厦因火灾而倒塌的先例"都是指大厦的钢结构没有受到机械撞击破坏的情况下。但对纽约世贸双塔的坍塌不能只从火灾单方面来考虑，而须综合世贸大厦受到飞机撞击而导致大厦支撑结构被严重破坏和飞机满箱燃油引起高温燃烧的双重因素来全面考虑，而且应该集中在双塔被撞击的楼层来分析。

纽约世贸大厦坍塌的原因：当大厦被撞击层支撑大厦结构的钢

柱材料的强度小于所承受的载荷时，大厦即在被撞击层发生断裂而坍塌。飞机撞击后，造成大厦被撞楼层的钢柱支撑面积减少，并破坏了未被撞到的钢柱表面的耐火保护层。由于未被撞击的钢柱的强度依然能够支撑上面楼层的负荷，大厦没有坍塌。随着大火的持续，未被撞击到的钢柱被加热。在如此强烈的火势之下，钢材温度升高，钢材强度下降。有资料认为，结构钢在 300 ℃时开始软化，并且在 550 ℃时强度仅为室温下强度的 60%；另有资料认为，当温度达到 650 ℃时，结构钢的强度仅为室温下强度的 50%。随着火势的持续，钢材的温度不断升高，钢材的强度也持续地下降。最终，当被撞击的楼层处未被撞击的钢柱材料的强度下降到一定程度，该楼层未被撞击的钢柱的总体支撑强度低于其上部所承受的载荷时，大厦即从该楼层处断裂。

这也就解释了为何二号楼仅仅在撞击后 56 分钟坍塌，而一号楼在撞击后的 102 分钟才坍塌。因为二号楼被撞层上的载荷（约 26 层的重量）远大于一号楼被撞层上的载荷（约 12 层的重量），所以二号楼在被撞击并燃烧了 56 分钟后，其被撞击楼层的钢柱的总体强度就不足以支撑其上的约 26 层楼的重量，而导致二号楼在被撞击楼层处断裂。一号楼被撞击楼层只支撑了 12 层楼的载荷，所以是在 102 分钟后才发生坍塌。

除了飞机撞击后造成大厦在被撞楼层的钢柱支撑面积的减少和未被破坏的钢柱材料的强度随着大火的持续不断下降这两个重要因

素外，被撞击的位置偏离中心也是引起二号楼先坍塌的因素之一。这些都是针对大厦的核心支撑钢柱而言。另外有资料表明，被撞击楼层的外围钢网结构在大火中受热不均，即面朝楼内大火一侧的受热温度要比面朝楼外一侧的温度高得多，导致了外围细长结构的钢网支架的扭曲变形，从而加速了大厦的坍塌。

当被撞击层的钢柱的强度无法承受其上的载荷而导致其上楼层下坠时，坠落的楼层带着巨大的重量和冲击力逐层砸向下面的楼层，下面楼层的支撑钢柱即使没有在飞机撞击时遭到过破坏，但强度也无法承受下坠的楼层所带有的巨大冲击力。所以，每层的横向支撑钢板在其上楼层下坠的冲击下也一层一层地断裂，产生了多米诺式断裂。两个大厦的坍塌模式完全相同，只是相隔的时间不同。而一号楼和二号楼坍塌的原因都是被撞层有效承载的钢柱数量减少，且这些有效承载钢柱的强度随温度的升高而下降。当该层的钢柱的总体承载能力小于其上载荷时，大厦在被撞击的楼层处断裂，随后产生的上面楼层下坠的巨大冲击力导致了整个大楼的逐层坍塌，而飞机携带的几十吨的燃油是造成钢材强度随时间而下降的根本原因。

假如在双塔被撞击起火后，能够有消防救火飞机及时把水洒到纽约世贸大厦的双塔上，把火扑灭或减弱火势，将会阻止钢材强度随火势的持续而下降。这样，世贸双塔也许就不会坍塌，至少会延迟坍塌。

上面的分析似乎给曾经风靡一时的"9·11事件阴谋论"提供

了反面证据。另外，有资料显示，在双塔坍塌之前，从大厦的地下室传出多次大爆炸声。因为飞机撞击大厦后，其机体在燃烧的高温中被融化成了铝液体而流到大厦的底部，当自动救火装置喷出的水也流到大厦底部与铝液体接触时，即产生爆炸而传出爆炸声。但根据双塔的坍塌模式，这些地下室发生的爆炸并不是大厦坍塌的原因。

本书的著者认为，纽约世贸双塔坍塌的原因是大厦在设计上的不够完美。遭受恐怖袭击的飞机所携带的大量燃油对高层大厦带来的危险，应该在设计大厦时被列为一种失效模式来考虑，但实际上却没有。纽约世贸中心的结构工程师莱斯·罗伯逊在"9·11事件"后承认"没有考虑燃油的问题"，燃油"始终没有列入我们的考虑范围"。纽约世贸中心的土建工程师马格努森认为，与大部分办公楼内部结构一样，世贸大楼设有消防洒水装置以及特制的钢梁来防止火灾，并且所用的钢材均有绝缘层。大楼在设计和建设时均考虑到了飓风、地震、自身承重等可能给楼体造成破坏的各种因素，同时对非自然因素（如爆炸）也予以考虑，但谁也没有考虑到波音飞机所携带的几十吨航空燃油及燃烧温度高达 815.6 ℃—871.1 ℃这一失效模式。这样的高温远远超出了一般办公用品（如纸张、桌椅）燃烧产生的温度。而且，预防航空燃油燃烧的消防设备通常安装在飞机库房和机场等处，并装备了泡沫等特制防火物质，相比来说，办公楼的消防设备显然不能与其相提并论。通常，超高层建筑须使用钢材建造，而钢材有一个致命的缺点，就是遇高温变软，丧失原有强度。为避免因此引发灾难，建筑钢材上都涂有防火涂料等防护物。然而，这样低水平的防护，对付一般的小灾小火还可以，但遇到因如此猛烈撞击而发生航空燃油泄漏导致的火灾时，钢材防火涂层根本不可能应付。

据资料介绍，1945 年，由于大雾干扰，一架 B-25 型飞机以每小时 200 英里的速度撞在纽约帝国大厦的第 78、第 79 层上，造成 14 人死亡，但没有造成大楼倒塌，而帝国大厦建成的年代比世贸大厦早 40 年。这一方面是因为撞击帝国大厦的飞机较小，汽油也比较少，没有引起大火；另一方面，帝国大厦结构的防火性能比世贸双塔好。帝国大厦为钢骨混凝土结构，即在钢的外面包了一层混凝土，其防火性能要比世贸双塔在钢结构表面涂防火材料好。

本书的著者认为，既然帝国大厦采用了钢骨混凝土结构，在钢的外面包了一层混凝土，与帝国大厦相类似的且相距仅几英里的纽约世贸双塔也应该采用这样的钢骨混凝土结构来保护钢材的强度。这样，也许就可以避免双塔在被飞机撞击和发生火灾后，由于钢柱强度的快速下降而导致的大厦坍塌，至少可以延迟大厦的坍塌而减少死亡的人数。在设计双塔时，忽略了几十吨的航空燃油有可能被带入双塔中而产生持续的大火。这一失效模式没有在设计中被考虑。可以认为，这是纽约世贸中心双塔设计工作中存在的质量缺陷。如果纽约世贸双塔在结构设计上采用钢骨混凝土结构，在钢的外面包裹一层混凝土，双塔应该不会如此快地倒塌，死亡的人数也会大大减少。正是这一设计上的缺陷造成了纽约世贸双塔遭受袭击后的快速坍塌。

小结

由上面诸多例子可见，人的素质及"做事的质量"对事情的成败至关重要。许多重大的灾难是因为人的素质低劣、操作失误或者作出了错误的决定而造成的。本章所举的例子说明了人们的过失或错误会造成何等严重的损失。如果人们能够采取某些措施来防止或减少这种人为因素所导致的灾难，将会给人类带来极大的福音。任何人或多或少都会犯错，因为我们是人而不是神。全球目前有70多亿人口，以最保守的水平估计，如果平均每人每年只犯两三个错，那么全球每年就会有几百亿个过错发生。如果能够采取有效的措施将这些过错减少一半，那么全球每年就可以避免上百亿个过错发生。这将会给人类减少难以计数的人力物力上的损失，为地球节省巨大的资源。

著者创作本书的主要目的，是向世人引入"个人质量管理体系"这一全新的理念，讲述如何建立和运用"个人质量管理体系"来提高个人的素质，减少和避免个人的差错和过失，并及时纠正所出现的差错，提高个人成功率，从而也减少因过失所带来的灾难和不必要的损失。

第二编 怎样实现优质人生

21 世纪，人们处在条件极为优越的生活环境中。各种先进的科技产品、软件、大数据、人工智能装置等为现代生活提供了便利的条件。与生活条件的巨大改变相比较，人们对自己人生和生活的管理却没有比百年前有显著的改进。没有迹象显示，21 世纪的人们对自己的人生和生活实施了现代化管理。如何能够有效地提高个人的素质，提高"做事的质量"，减少过失，提高个人的成功率，使自己变得更加优秀，即人生优质化？这是一个值得深思的问题。

事实上，人们在日常生活和工作中都可能犯各种各样的过错，而且有些过错会带来很大的损失。那么，能否通过一种机制来帮助人们尽可能地避免犯错？怎样才可以把失误减少到最低，从而把损失降到最低？本书的主要内容之一，就是要回答这个问题。

第 **2** 章

建立并运用个人质量
保证体系

CHAPTER 2

　　为了能够在生活中运用个人质量保证体系，必须先建立适合自己的个人质量保证体系。这是一个全新的课题。迄今为止，世上还没有人在这方面做过任何尝试。我们不妨参考一下工业生产领域中质量管理体系的概念，把它们应用到日常生活中，建立个人质量管理体系。

　　建立个人质量保证体系分为两个重要的组成部分：一部分是编写制定适合自己的质量管理文件作为个人质量保证体系的标准；一部分是执行这一标准。个人的质量管理体系要达到什么样的水平，在很大程度上取决于你建立了什么样的质量保证文件。而这一切都是由你根据自己的需要来决定的。你可以建立一个简单易行、可以轻而易举做到的个人质量管理体系，也可以建立一个具有较高的标准、必须经过刻苦努力才能做到的个人质量管理体系。重要的是，你所建立的个人质量管理体系必须适合自己，能够帮助你更好地完成要做的事，并对提高你的素质有促进作用。需要指出的是，个人质量管理体系完全是根据自己的需要来建立的，目前并没有任何标准可言。

　　个人质量保证体系可以是由 4 级文件组成：个人质量方针、程序文件、操作指导书和表格记录。各级文件都有特定的功能。

▌ 确定做人准则：个人质量方针

　　首先可以制定一个"个人质量方针"，来勾画做人的一些重要准则。"个人质量方针"应该是根据个人信仰和人生价值观而制定的个人纲领，指导自己在一生中应该怎样做人做事，做什么样的人和什么样的事，并清楚地界定哪些事情应该做，哪些不可以做。确立了"个人质量方针"，可以帮助个人正确把握人生的方向，明辨是非，知道自己在人生道路上怎样走才能通往光明灿烂的未来，而不至于误入歧途。对于刚步入社会的年轻人，设定"个人质量方针"可以指导自己树立正确的价值观，确定做人的准则，督促自己沿着正确的方向前进，并告诫自己，即使在极大的诱惑之下，也不能做出违法或违背良心的事情。

　　"个人质量方针"与"人生目标"并不完全相同，但两者是密切相关的。如果说"人生目标"是较具体的人生中所要实现的理想，"个人质量方针"就是为了实现自己的人生理想而铺设的道路。"个人质量方针"反映了一个人的处世哲学。明确的"个人质量方针"可以成为制定人生目标的指南。在某种程度上，一个人从事的日常活动背后的动机与其制定的个人质量方针和人生目标是相吻合的。以下是本书著者创编的一个"个人质量方针"的例子，供参考：

★用积极向上的心态主导人生。期望美好的未来，培养具有竞争力的专业技能。认真做好本职工作，勤奋刻苦，广学求识。做高尚的人。

★为人正直，厌恶虚伪，追求真善美，不搞歪门邪道。勇于探求真理，自强谦和，与人友好相处，伸张正义。

★健康饮食，不懈锻炼，丰富生活，娱乐自我，享受美好的生活时光。

★善待他人，助人为乐。以他人的生活愉快为己乐。尽自己的能力为社会和人类作出应有的贡献。

"个人质量方针"可以帮助人们把握自己的人生准则，做到出淤泥而不染。如果那些从事电信诈骗的年轻人，在做这件事之前对自己的做人准则有过认真的思考，并且清楚地知道自己的一生中什么样的事情可以做，什么样的事情不可以做的话，就不会去做这种伤天害理的事。只要仔细思考过违法犯罪行为会给自己的人生带来怎样的恶果，任何一个有一点点智力的人都能够作出正确的选择。反之，就可能在金钱的诱惑下走上犯罪的道路。所以，建立"个人质量方针"，可以帮助人们明确自己的做人准则，把握人生的方向，从而保证自己走向美好的未来，而不是走入歧途、坠入深渊。

除了"个人质量方针"外，还可以建立"家庭质量方针"。两者的不同之处是，"个人质量方针"只针对自己，"家庭质量方针"则针对家庭成员。"家庭质量方针"应该包括对子女的教导、培养及戒律等。中国古代某些家训中的内容，可以算作"家庭质量方针"。有些古代家训清楚地规定家族成员不能做任何贪赃枉法之事，这就相当于给所有家族成员敲响了警钟。

▌ 让常规事项流程标准化：程序文件

在日常生活中，有许多事情要按照特有的流程来运作才会有较高的效率，否则可能事倍功半，达不到理想的结果，或者无法完成。如果在认真分析这些事情的流程的基础上制定出正确的运作流程并以文件的形式记录下来作为标准程序，就可以避免出错。这种流程的标准文档就是个人质量保证体系中的程序文件。

制定程序文件是建立个人质量保证体系的重要环节。程序文件描述完成此事项的全部过程和采取的主要步骤和方法。在确定程序文件之前，须对此事项的运作流程有全面深入的理解，经过一番摸索，甚至是经过失败和挫折后，才能最后确定此事项的标准运作流程而编写出程序文件。个人质量体系中所记录的标准程序应该是届

时所知的、完成这一过程的所有程序中的最佳程序。如果之后发现
有更好程序，则需要更新标准程序。在可能的情况下，可以借鉴他
人完成这件事的成功经验（或程序文件），制定出适合于自己的程
序文件。然后，只要按照此程序文件的步骤来运作，就可以圆满地
完成这件事。这就相当于建立了个人质量保证体系文件，只要按照
此标准流程来运作，就有了质量保证。

　　程序文件的特征是定义和描述完成某一事项的全部流程，可以
采用文字，也可以采用流程图的形式。文字可以用详细的内容来严
格定义每一步的细节，而流程图则比较一目了然。你可以根据自己
的需要来确定采用哪种格式，也可以两者都用。

　　下面以在中国购买二手住房这一具有代表性的事项来举例说明
程序文件的建立和应用（见图 2.1）。

　　购买房屋是一个比较复杂的事项，其流程包括了许多不同
方面。购买住房的程序除了因所在国家和当地政府的管理措施的
差异而在运作程序上有所不同外，每个人对二手房的要求也不尽
相同。所以，在购房之前，应对二手房的要求及购买过程中需要
处理的相关的事宜都要有所了解，才能确定购房的正确流程。如
果借鉴他人在当地已经成功使用过的购房流程并加以修改后来运
用，可以事半功倍。这里以在中国某城市购买二手房的程序为
例，来说明在生活中如何建立和运用个人质量保证体系中的程序
文件。

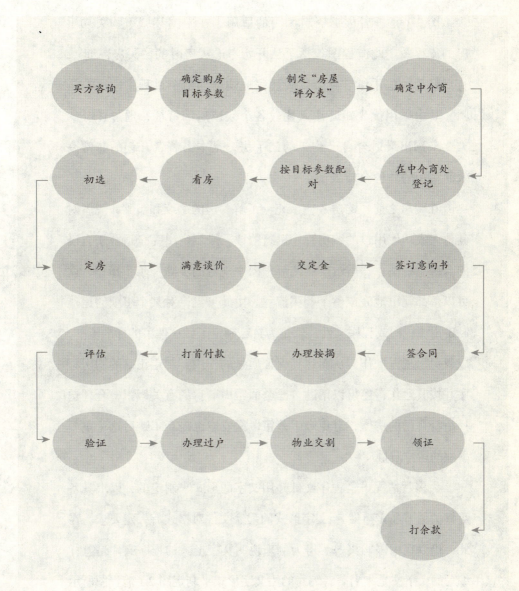

图 2.1　购买二手房流程图

图 2.1 是著者根据资料编写的适用于在中国某城市购买二手房的流程图。此流程图包括了从开始考虑买房时的"买房咨询"，直至最后一道手续"打余款"而完成购房的整个过程中的所有步骤。其中采用优先矩阵法来比较各个候选房的特征，通过评分的方式来选出最适合自己购买的二手房，是本书著者开创的非常高效而实用的一种全新方法。

在购房之前，购房者应该充分了解购房的手续和步骤，或者对其他人成功使用过的购房程序进行修改，来制定出完全适合于自己的购房流程图。然后，按照此流程图中规定的步骤一步步操作，就可以按部就班地完成整个购买流程。由此可见，对某个事项的运作制定出流程图或程序文件，就是为自己制定了做这件事的标准流程，以避免出现误操作，从而达到保证质量的作用。制定正确的购房程序并按其运作，还可以帮助自己全面考虑购房的有关因素，合理选择适合自己的房屋，避免产生差错，相应地也提高了购房这一重要事项的运作质量。

大多数情况下，程序文件是用文字的形式来制定的，以求具备足够的细节和完整性。文字形式的程序文件对格式有一定要求。在此，仍以在中国购买二手房为例来说明文字形式的程序文件是怎样编写的。下文是本书著者编写的用文字形式来制定图 2.1 流程图所示购房流程的程序文件。

文件号：P 09   版本号：1

起始实行日期：2016 年 7 月 1 日

购买二手房程序

1   方针

保证各个购房因素及所选房屋的优缺点都得到充分考虑，各个购房环节都能准确快速地完成，从而有效地买到满足自己要求的房屋。

2   目的

为购买二手房提供一个全面准确的操作程序。在购房之前，须明确购房的主要目标参数，在看房时做好所看房屋参数的评分记录，最终通过比较来确定最适合自己的房屋。提供清晰的程序和步骤以完成购买二手房屋的各个环节。

3   范围

此购房程序适合于在买方市场下在中国购买二手房，买方有足够的房源和时间来分析比较，以确定所要购买的房屋。在卖方市场的环境下，省略 6.5、6.6 和 6.7 条款后，此程序仍然适用。

4　定义

房屋是买方市场的环境：指房市处于供大于求的状况。

房屋是卖方市场的环境：指房市处于供小于求的状况。

5　特殊工具

无

6　程序

6.1　在咨询中介商后，确定购房目标参数，并制定"购房目标参数表"（见表 2.1）。这需要结合你目前拥有的购房资金和市场上的房屋价格状况等来确定 。

表 2.1　购房目标参数表　　　　　　F 0111

考虑因素	目标参数
价格	不高于 800 万元
结构	三居室
面积	不低于 150 平方米
楼层	7 层以上
购物	近购物点
交通	近高速路出口
环境	环境高雅，保安严密

6.2 确定所考虑因素的相对重要程度。采用优先矩阵法比较所有购房考虑因素，在每两个因素之间给出"相对重要程度"，列入"购房考虑因素相对重要程度表"中，从而计算得出各个考虑因素的相对重要程度。根据各个因素的相对重要程度，确定该因素的评分范围，列入表 2.2。具体计算方法见本章第 3 节所述的"制定和运用看房评分记录表操作指导书"。

表 2.2　购房考虑因素相对重要程度表　　F 0112

因素	价格	购物	面积	交通	结构	楼层	环境	车库	总分	相对重要程度 %	评分极限
价格		4	1	2	1	4	2	1	15	18.75	188
购物	¼		¼	½	¼	1	½	¼	3	3.75	38
面积	1	4		2	1	4	2	1	15	18.75	188
交通	½	2	½		½	2	1	½	7	8.75	88
结构	1	4	1	2		4	2	1	15	18.75	188
楼层	¼	1	¼	1/2	¼		½	¼	3	3.75	38
环境	½	2	½	1	½	2		½	7	8.75	88
车库	1	4	1	2	1	4	2		15	18.75	188
								总分	80		

6.3 设计"看房评分记录表"。依照购房时考虑因素

的相对重要程度，在"看房评分记录表"（见表2.3）中最上行依次列出所有购房考虑因素。在表中第2行列出各个因素的目标参数。把"购房考虑因素相对重要程度表"中的最右边一栏各个因素的评分范围列在"看房评分记录表"的第3行。表中第4行是看房时的评分记录。 除了把所有考虑因素列在第1行外，该表的右边数第2栏是"缺点"扣分项，用于记录所看房屋的主要缺点，并扣分。该表最右边一栏为总分，即所有考虑因素得分的总和减去缺点扣分。这就是满足自己选房要求的"看房评分记录表"（具体操作步骤见本章第3节中的"制定和运用看房评分记录表操作指导书"）。

表 2.3 　看房评分记录表　　F 0113

因素	价格	面积	结构	车库	交通	环境	购物	楼层	缺点扣分	总分
目标参数	<800万	>150m²	三居室	有车库	近高速	高雅安全	近购物点	高于7层		
评分范围	1—188	1—188	1—188	1—188	1—88	1—88	1—38	1—38		
房屋（ ）										

6.4 与房屋中介商联系登记。把自己的"购房目标参数表"交给房屋中介商。房屋中介商将以表中参数为目标，在市场上选择合适的房屋，并把合适房屋的信息转发给你。从收到的房屋资料和信息中，你选择出合适的房屋进行实地考察。

6.5 看房。携带自己的"看房评分记录表"看房。对表中的每一个因素评分，同时也记录下该房的缺点并扣分。在看房结束前，应该完成"看房评分记录表"中所有评分。然后，计算出该房的总得分，记录存档。每次看房可以使用一张短的"看房评分记录表"（表 2.3），也可以使用一张长的"看房评分记录总表"（见表 2.4），把所看的房的评分依次都记录在同一张表中。

表 2.4　看房评分记录总表　　F 0114

因素	价格	面积	结构	车库	交通	环境	购物	楼层	缺点扣分	总分
目标参数	<800 万	>150m²	三居室	有车库	近高速	高雅安全	近购物点	高于7层		
评分范围	1—188	1—188	1—188	1—188	1—88	1—88	1—38	1—38		
房屋A										

续表

因素	价格	面积	结构	车库	交通	环境	购物	楼层	缺点扣分	总分
目标参数	<800万	>150m²	三居室	有车库	近高速	高雅安全	近购物点	高于7层		
评分范围	1—188	1—188	1—188	1—188	1—88	1—88	1—38	1—38		
房屋B										
房屋C										
房屋D										
房屋E										
房屋F										
房屋G										
房屋H										
房屋I										
房屋J										
房屋K										
房屋L										
房屋M										
房屋N										

6.6　定房。当访问了足够多的房屋后，并认为其中有自己想要买的房屋时，就可以选择了。在表 2.4 中，根据每个房屋的总分，选出得分前 3 名的房屋作为候选房。

6.7　重访。如果在 3 个候选房中，比较难确定哪个最好，可以对它们重访，重复第 6.5 条所列步骤，并比较总分，最终确定一个房屋。

6.8　满意谈价。通过中介公司与卖方讨论价格。在买方市场下，可以要求卖方降价，并且给出降价的理由。在"看房评分记录表"中记录的缺点扣分项及得分低的原因，可以作为要求降价的理由。在卖方市场下，如果要求降价时，需慎重考虑，以免房屋被他人买去。

6.9　交定金。按照规定交付定金后，卖方将为你保留这套房。你需要在规定的时间内完成后续程序。

6.10　签订意向书。签订购买房屋意向书。买方和卖方都将按照签订意向书中的内容进行后续操作。

6.11　签合同。在签订意向书基础上，买方和卖方都认为双方已考虑成熟，双方签订房屋购买合同。

6.12　办理财务手续。如果买方不是用现金来购买，则需要在银行办理按揭手续；如果是用公积金购买，则需要在有关部门办理公积金按揭贷款手续。关于这点，请按照银行或有关部门的规定进行操作。

6.13　支付首付款。首付款通常是房价的 10%—30%。如果在后续的操作中，买方发现房屋存在很大缺陷而不想购买，只要理由充足，首付款将会退回给买方。

6.14　评估。买方应该聘请专业的房屋评估人员进行全面评估，并且在评估后出示具有法律效力的房屋评估报告。在这个报告中，评估人员列出了所有检查到的房屋缺陷。买方应该对此报告进行仔细研究，确定在评估中发现的缺陷是否可以接受。如果发现难以接受的房屋缺陷，可以向卖方阐明，并请其退回首付款。

6.15　房屋验证。房屋验证是为了确保卖方是该房的法定拥有者。验证工作通常由律师来完成。

6.16　办理过户。到指定的房屋管理机构，按照规定办理房屋过户手续。

6.17　物业交割。交房一般都涉及物、水电、有线电视、燃气等工作的交接。这些交接手续可以分别到管理处、水务局、有线电视台、供电局等部门办理。同时，还要核实房产内部是否还包括其他财产（如家具家电等）。

直到卖方交钥匙后，才算完成交易。

    6.18　领证。完成以上全部事项后，才能得到属于自己的房产证。

    6.19　支付余款。如果是现金购房，需要把全部余款付清；如果是银行的按揭贷款，则按照按揭合同定期付款。

以上例子用来说明如何在生活中建立和运用程序文件，帮助人们来顺利完成所做的事情。这个"购买二手房程序"文件并不一定对所有人都适用，每个人应该根据自己的主观愿望和自身条件，制定出完全适合自己的程序文件。

制定和应用程序文件时，必须清楚该程序文件的适用范围。例如，如果房市处于卖方市场，这个程序文件就不太适合，比如其中分析比较房屋的部分就变得不切实际。因为在供小于求的环境下，没有足够的房源和时间可供买方做选择。另外，所在国家或地区不同，购房程序和办理手续的要求也会不同。

对日常生活的常规事项，读者可以根据需要，仿照上文的流程图或文档格式的程序文件，来建立自己需要的程序文件，并按其运作。程序文件是经过仔细推敲而得出的做某件事的比较规范的文件，可作为今后做这件事的标准程序。只要严格执行这一标准程序，就可以准确而有效地完成这件事，从而避免出现差错。这就起到了质量保证的作用。

细化具体操作步骤：操作指导书

程序文件是对一件事的整体运作流程给予概括描述，并不涉及具体的操作细节。而操作指导书则是对整体流程中的某一环节的具体操作步骤给出详细的操作指导。操作指导书详细地列出在做一件事时的操作指令，为完成这件事提供操作标准。

一个流程通常包括几个不同的环节，而每个（或几个）环节的操作细节应该由一个操作指导书来定义。所以，一个程序文件可以由几个操作指导书来支持。这里仍以购买住房的事项为例，来说明程序文件和操作指导书之间的关系。由图 2.1 的购房流程图可知，购买二手房的流程至少包括了：定义所要购买的理想房屋、选房、议价、签合同、办理按揭、评估、物业交接等环节。每个（或几个）环节的具体操作都可以有一个单独的操作指导书。操作指导书的文件格式通常是文本，但在特殊情况下，示意图、照片、视频等也可以组成操作指导书。

有关办理按揭、评估、物业交接、签订合同等环节的具体操作步骤和细节，在相关部门（如房屋中介公司、银行、房屋管理部门等）都有详细的规定，在此不再赘述。这里以在中国新购毛坯房的检查验收为例子，来说明怎样制定个人质量管理体系中的操作指导书。下文是本书著者编写的对新购毛坯房做验收的操作指导书。这个操作指导书不一定完全正确，也不一定适合所有人，只是作为建立个人操作指导书的示例。读者可以根据自己的需要进行编写或修改，以得到适合自己的新购商品房验收的操作指导书。

文件号：W 012　　　　　　　　　　　　　版本号：1

起始实行日期：2016 年 7 月 1 日

新购商品毛坯房验收操作指导书

1　方针

确保新购毛坯商品房的质量符合质量标准，无潜在的隐患。

2　目的

为毛坯商品房的质量检验提供准确、具体和完整的操作指导书，及时发现房屋的缺陷。

3　范围

适合于检验在中国购买的毛坯商品房。不适用于二手房交易或在其他国家或地区购买房屋的验收。

4　定义

空鼓：是由于原砌体和粉灰层中存在空气引起的。检验时，用空鼓锤或硬物轻敲抹灰层，如果发出"咚咚"声为空鼓。

5　特殊工具

5.1　量具：5m盒尺、1m直尺、多功能内外直角检测尺、多功能垂直校正器。

5.2　电钳工具：带两头和三头插头的插排（即带指示灯的插座）、各种插头、万用表、摇表、多用螺丝刀（"−"字和"+"字）、5号电池2节、测电笔、大灯、小灯。

5.3　辅助工具：小锤子1把，矿泉水若干瓶，细线1条，钉子1枚，塑料盆1只，镜子、手电、塑料袋多个。

5.4　笔和开发商提供的"房屋验收单"或自备的"新购毛坯房验收记录表"（表2.5）。

表 2.5　新购毛坯房验收记录表　　F 0115

日期：	地点：		检验人：	备注：
检验内容	失效		数据	纠正日期
证件：				
房屋主体：				
窗和门：				
墙面和地面：				
水管线及阀门：				
电路开关：				
暖气、燃气：				
水表、电表和燃气表：				
配备的物件：				
其他：				

6　程序

6.1　首先检验房屋的有关证书，即"三书一证一表"。

6.1.1　验证"三书"：《住宅质量保证书》《住宅使用说明书》《建筑工程质量认定书》。《住宅质量保证书》是开发商针对房屋质量及保修期限、范围的承诺。《住宅使用说明书》是针对房屋设计、施工及验收中的各项具体技术指标，如抗震指标、墙体结构类型等的相关说明。《建筑工程质量认定书》是房屋通过有关部门质量验收的凭证。

6.1.2 验证"一证"：《房地产开发建设项目竣工综合验收合格证》。它是房产项目通过有关部门综合验收的凭证。

6.1.3 验证"一表"：《竣工验收备案表》。它是楼盘向主管部门上报验收备案的详细资料，是开发商必须对楼盘负责的标记文件。《竣工验收备案表》送交主管部门备案后，开发商就必须对此房屋终生负责。出了问题，如果是开发商的过失，可以追究其责任。

6.1.4 坚持先验楼再缴费收楼的必要程序。只有在验证了开发商提供的"三书一证一表"并确定完全合格后，才能进行以下的验收步骤。如果买方按照开发商的收房通知在楼房未经"三书一证一表"验收时就收了楼并签了相关文件，根据契约自由、自治的原则，一旦签了字，就视为对楼宇质量的认可，以后打起官司来购房者难以得到法律的支持。

6.1.5 假如开发商一定要买家先办手续后验楼，买家应该在收楼文件上注明"室内情况尚不清楚"或"楼房状况未明"等字样。

6.2　房屋主体检验：

6.2.1　房屋面积，用米尺丈量房间各个部位的尺寸，看是否符合要求。

6.2.2　看顶棚是否平整，无空鼓、开裂、脱落、露筋、锈点。

6.2.3　看墙面是否平整、洁净、颜色均匀，无空鼓、开裂、爆点。

6.2.4　如果地面或顶棚存在裂缝，裂缝是斜的、水平的和垂直的，而且裂缝较长、连贯在一起，出现在门窗洞口角上、纵墙、外墙上，并且验收的房屋是在靠顶层的几层，这些裂缝很可能就是温度裂缝。

6.2.5　毛坯房全部外饰面，包括阳台、雨罩的外饰面应按设计文件完成装修工程。

6.2.6　检查阳台是否平整，有无开裂、地漏、倒返水等现象。

6.2.7　检查厨房有无出口铜阀、烟道。

6.2.8　看墙柱、阴阳角有无大小头，方正度、垂直度如何。

6.3　窗和门的检验：

6.3.1　窗或门是否有裂缝。

6.3.2　门框或窗框连接处密封应该严密、不能透亮。把纸塞到门或窗缝中，之后把门或窗关上，扯一下这张纸，如果扯不出来说明密封度好。

6.3.3　看玻璃是否有裂缝。

6.3.4　看密封条长度是否适中，是否老化变形，压条是否结实、牢固。

6.3.5　看两层玻璃之间是否有水汽，如果有则代表两层玻璃之间密封不严。

6.3.6　看窗是否漏水，可拿若干瓶矿泉水做试验。

6.3.7　检查门扇是否外观平整，漆面应完好无流坠、漏刷和磕碰，色泽一致。

6.3.8　检查门锁是否牢固、操作轻便、均匀紧锁；门把是否牢固、操作灵活；门轴是否平整牢固、转动平稳；猫眼是否完好，视野是否清晰。

6.3.9　检查窗框是否稳固、周正，表面是否平整，材质是否符合合同要求。

6.3.10　看窗框把手是否完好、牢固、灵活。

6.4　墙面、地面和棚面的检验：

6.4.1　墙面、地面和棚面是否平整，可用拉线的方式测量。地面的高低差如果大于 3cm 则不合格，棚面大于 2cm 则不合格，墙面大于 1cm 则不合格。

6.4.2　用钉子在墙面、地面和棚面的表面划几下，看砂浆的强度是否足够。如果划出很深的划痕，则不合格。正常的情况下应该划出一条没有深度的白印。

6.4.3　用小锤子在墙面、地面和棚面上敲一敲，听一听是否有空鼓的声音。如果空鼓的面积大于 20cm^2 则不合格。

6.4.4　看地热管是否高出地面，高出的不合格。

6.4.5　卫生间的地面都会做防水处理的，所以要把地漏堵上，再把水龙头打开，让水铺满卫生间室内的地面，看是否有大量气泡冒出。（当然，做这项实验之前首先要确定楼下还未装修。）坚持 24 小时到 72 小时（至少一天），然后去楼下的卫生间查看棚面是否阴湿。

6.4.6　下雨过后，一定要去新房看墙面和棚面是否漏水。首先看天花板、房间、阳台、厨房、卫生间，看有没有被水浸湿过的水迹，特别是厨卫吊在天花上的白色排水管四周有没有水渗漏流过的水迹。然后看墙面，在外墙墙角处、空调机管线洞口处以及在外门窗洞口、窗台处有没有被水浸湿过的水迹。

6.5　水管线及阀门的检验：

6.5.1　检查厨房和卫生间的排水管线（一般是白色的塑料管，直径在100—150mm）是否有裂缝或破损的地方，如果有，以后肯定会漏水的。

6.5.2　把厨房和卫生间的给水阀门打开，看管道、阀门和水表是否漏水，水压是否到位。

6.5.3　查看阀门和分水器上的阀门和跑风是否生锈，如果生锈请不要擦除，通知维修人员，等到供暖时再擦除，看是否漏水。

6.5.4　查看卫生间排水横管是否倒坡，立管检查口是否严密。

6.5.5　向排水口中倾倒些水，看排水是否畅通。

6.6　电路开关的检查：

6.6.1　检查电盒是否有电。用带插销的灯头试验，看灯头是否被点亮，点亮的同时注意出户门处的空气开关有无跳闸的现象，如果有则为室内电路有短路的地方，不合格。

6.6.2　检查电盒与空气开关盒是否有破损。

6.6.3　每个空气开关插座的下面都有一个小的漏电保护，当合上空气开关，按下漏电保护按钮时，查看空气开关是否弹回。弹回则表示好用。

6.6.4　可以把总开关合上以后再一个个合上分开关，看每个分路闸是管什么的。

6.6.5　检查插座：插上带有指示灯的插排，灯亮，表示有电，此时拉下总开关箱内的插座开关（应有标示），指示灯灭，频繁测试几次，证明开关、接线良好，插座安全。如果开关拉下，插座指示灯仍亮或仍在闪烁，说明开关质量有问题或接线有误，立即修复，否则误触电时将无法及时断电危及生命。

6.6.6　插座还应用摇表来测试对地绝缘情况是否良好。

6.6.7　开关箱内的各分路开关应有明显的标示。如果没有或不明确，立即纠正。

6.6.8　开关箱内开关应安装牢固，每个都要用力左右晃动检查，如果发现松动，应紧固或更换。否则，在日后使用过程中，如果出现接触不良打火现象时，会造成更大危险。

6.6.9　检查有线电视插座、宽带插座，插进去有无松动或插不进现象；检查弱电插座数目。

6.6.10　检查入户门门铃：带2节5号电池测试门铃，看是否不响或响了不停。检查可视对讲、紧急呼叫按钮是否工作正常。

6.7　暖气、燃气的检查：

6.7.1　按房间详细查看暖气管道，暖气片的安装是否严密、牢固，各管接头部位是否漏水漏气，查看打压试验记录。

6.7.2　取暖期前的通水试验非常重要，必须亲自参与，一定要知道分户的主控阀门的位置。注意绝不允许擅自拆改暖气管线及散热器片。

6.7.3　检验中央空调的出风管、冷凝水出水管、温控开关、出风口位置是否正确，安装是否牢固。

6.7.4　检查厨房的排烟道，卫生间的排风道，位置及功能。

6.7.5　燃气管道入户的，要查看主管道、分管道各用气房间是否设置煤气表，控制阀门等是否齐全。注意绝不允许擅自拆改燃气管线。

6.8　查看水表、电表和燃气表的读数。一般读数都为零，如果不为零，则要记录下表上的读数。

6.9　查看房屋内应该配备的物件是否有短缺，记录下缺失的物件。

6.10　做好所发现的质量问题的记录。可记在开发商提供的验房单上，也可记在自备的"新购毛坯房验收记录表"上。

6.11　毛坯房验房发现问题后的处理：

6.11.1　毛坯房验房时发现问题后，首先要保留好所有证据，如开发商承诺书、相关合同和约定、验楼单、相关照片和录像等。

6.11.2　当问题不严重时，要尽量配合开发商进行整改检修。开发商应该承诺在一定时间内进行修缮。

6.11.3　如果开发商不能按照合同约定的标准执行，可以到相关质量监督部门投诉，要求职能部门做出处理或到法院起诉要求赔偿。

6.11.4　如果发现水、电路问题，要详细在验楼单上予以注明。由于上述问题造成业主不能收楼的，要在验楼单上详细注明不予收楼的原因，并要求开发商签字、盖章。

6.11.5 验房时，如果发现所验商品房和合同签订的要购买的商品房不一致，其结构与原设计图中户型图存在不符的现象时，可以根据《商品房销售管理办法》的规定要求退房。

6.11.6 验房时，测量所购商品房面积，如果发现实际面积与合同面积的绝对误差值超过 3% 时，可以选择接受其实际面积（多退少补），也可以作退房处理。

6.11.7 当发现所购商品房存在主体结构不合格的情况，应该考虑退房。

6.12 在房产验收合格后并准备签收《房屋验收单》之前，应该先签订《物业管理公约》，做一个事先约定，避免日后起纠纷。应该清楚以后所要交纳的物业管理费到底由哪几项构成，物业管理费、清洁费、保安费、绿化费如何核定等。

6.13 在所验收的房产检查合格后或所发现的问题已得到解决，可在开发商提供的《房屋验收单》上签字。

为了方便那些准备买房或对买房感兴趣的读者了解怎样使用优先矩阵法来选择适合自己的房屋，这里也讨论一下另一个购房有关的操作指导书，即上一节购房程序文件中提到的"制定看房评分记录表操作指导书"，以便有需要的读者用此方法来确定个人购房所考虑的各个因素的相对重要性，从而挑选出最适合自己的候选房。此方法为本书的著者首创。如果有读者不喜欢这种稍微复杂的计算方法，则可以省去下面的内容，直接阅读下一节。

文件号：W 011　　　　　　　　　　　　　　版本号：1

起始实行日期：2016 年 7 月 1 日

制定和运用看房评分记录表操作指导书

1　方针

确保在众多的房源中挑选出最适合自己购买的二手房屋。

2　目的

为根据自己的要求来正确评估各个候选房的特点提供一套科学的分析方法，从而根据评定的结果选定最适合于自己购买的房屋。

3　范围

适合在买方市场的环境下来使用。在卖方市场的环境下，通常没有足够的房源和时间供买方对比挑选，所以不必使用此操作指导书。

4　定义

房屋是买方市场的环境：指房市处于供大于求的状况。

房屋是卖方市场的环境：指房市处于供小于求的状况。

5　特殊工具

无

6　程序

6.1　经过详细的思考及咨询后，列出自己购房时所需要考虑的主要因素。主要考虑因素通常不应该多于10个，以6—8个最为合适。

6.2　对于每一个列出的考虑因素，根据自己的期望并结合实际情况对其给出自己的目标参数，从而制定自己的"购房目标参数表"。购房目标参数的确定须考虑自己可支配的购房资金和房屋市价。

6.3　采用"优先矩阵法"，把"购房目标参数表"所列的考虑因素依次列在"优先矩阵表"的最上行和最左栏，见"购房考虑因素相对重要程度表"。

6.4　对表中所列的因素逐一对比。根据自己设定的重要程度，按以下提示给出合适的加权数。当然，你也可以按照自己的需求给出相应的加权数。

6.4.1　当一因素与另一因素相比极为重要时，给出加权数 4；反之，则给出加权数 1/4。

6.4.2　当一因素与另一因素相比很重要时，给出加权数 2；反之，则给出加权数 1/2。

6.4.3　当一因素与另一因素相比同等重要时，给出加权数 1。

6.5　把表中每行的分数相加，得出行总分数，列在"总分"列中。

6.6　把表中"总分"列中的各行分数相加，即得到此表的总分数，将此表的总分数列于"总分"列的最下面一行。

6.7　以行总分除以表总分数得出该行的百分数，即为该因素的相对重要度，列在表中"相对重要程度"列中。

6.8　根据每个因素的相对重要度确定该因素的评分最高值，即把"相对重要程度"列中的数乘以 10，然后取整数。每个因素的评分最高值记在表中"评分极限"列。这样，就制定出了符合你要求的"购房考虑因素相对重要程度表"。

6.9 制定"看房评分记录表"。依照购房时各考虑因素的相对重要程度，在此表中最上一行按重要程度依次列出所有购房考虑因素。

6.10 在"看房评分记录表"中第 2 行列出各个因素的目标参数，这个参数可从"购房目标参数表"中查得。

6.11 根据"购房考虑因素相对重要程度表"中的"评分极限"列，在"看房评分记录表"中第 3 行列出各个因素的评分范围（即 0 至该因素的评分极限）。

6.12 在"看房评分记录表"中"缺点扣分"列，记录房屋缺点并扣分。缺点扣分不设置评分范围，完全根据自己对房屋缺点的接受程度来打分。

6.13 在"看房评分记录表"的"总分"列将各个考虑因素的得分相加，再减去缺点扣分，即得到房屋的总分。

6.14 "看房评分记录表"的第 4 行（以及以下的行）为空白，用于看房时做评分记录。

6.15 每次看房时，须对"看房评分记录表"中所列的考虑因素逐一考察。方法是把购房的实际条件与表中第 2 行列出的目标参数相对比。实际条件与自己的目标参数相差远的，则评分低；实际条件与自己的目标参数相近的，则评分高，但是最高分不能超过列在第 3 行的该项的评分极限。这样就显示了各个因素在你购房要求中的相对重要程度。

6.16　每次看房并评分后，还需要考察该房是否存在缺点。如果存在缺点，则应该根据自己对此缺点的接受程度来扣分。如果该房存在的缺点是你完全不能接受的，则把它从候选房中删除。

6.17　每次看房结束时，除最右面一栏外，"看房评分记录表"其他各栏都填写了分值。把各个考虑因素的得分相加，再减去缺点扣分，就得到该房屋的评分结果。把总分记录在"总分"列，即为该房的评估结果。

6.18　在访问过足够数量的候选房后，可以把这些房屋的得分记录汇总到"看房评分记录总表"中比较，并从中选出得分最高的房屋作为欲购买的房屋。假如前几名的房屋得分相近而且房市现状容许你有足够时间来进一步挑选，则可以从中选出 3 个得分最高的房屋进行重访，然而重复上述评估步骤，并再次进行比较，最终确定所要购买的房屋。

　　每个人在购房时所考虑的主要因素不同，对这些因素所期望的目标参数也不同。这些考虑因素以及期望值都记在了"购房目标参数表"中。该表即为你购房特性清单。房屋中介商和你的任务，就是要找到能够在最大限度上满足你购房特性清单上所描述的房子。每个人对各个购房考虑因素的重要程度，或者说，对各因素之间的相对重要程度的看法是不尽相同的，这是由个人的条件和愿望来决定的，而这一点可由自己制定的"购房考虑因素相对重要程度表"来控制。你可以根据需要，决定 A 因素比 B 因素重要 2 倍、5 倍、10 倍、20 倍甚至更多或同等重要。总之，这个方法的主旨是根据自己的需求来定量评估候选房。它不一定受所有人喜欢，有人可能更愿意根据自己的直观印象来决定购买哪套二手房。凭直观印象的方法确实简单易行，而且大多数时候也比较可靠。但当所考虑的因素较多，二手房源比较充足，而且很多房子看上去各有千秋时，如果再凭直观印象的话，可能就不太容易确定应该购买哪套房了，而定量评估方法可以科学地、综合地考虑各个重要因素。

　　因为购房是人们生活中比较重要的事项，所以本书以购房为例，讨论了如何制定个人质量管理体系中的程序文件和操作指导书。从购房例子中，我们不难看出，建立个人质量管理体系的首要步骤是针对所要进行的事项，制定出个人质量保证文件，以指导自己应该怎样做；然后，以此为标准严格执行标准文件。只要标准文件是正确的，并且执行力度很大，就可以避免出现不应有的差错，并避免一些未考虑到的意外情况发生，从而更有效地完成工作。这就是建立个人质量保证体系的宗旨：用质量保证体系帮助我们提高工作效率，避免产生差错，从而提高人们的工作质量和成功率。

▉ 充分利用数据：表格

在个人质量管理体系中，使用者可以根据自己的需要，制定各种各样的表格，并在工作中使用这些表格。通常有两种不同格式和功能的表格。一种是数据记录表，此类表格中的空白部分是用于记录数据的，如前面所述的"看房评分记录表"；另一类是数据信息表，此类表格没有需要记录的空白部分，而是包含了有用的信息，起着参考和指导作用，如上文所述的"购房目标参数表"。这些表格可用于日常生活中，比如，对于第一类表格，慢性病患者可以经常把自己的健康数据，如血压、血糖的测量结果记录下来，以便日后与医生讨论这些记录下的健康信息；对于第二类的表格，糖尿病患者可以把有关食物的升糖指数制作成个人日常饮食的信息数据表，供自己在日常饮食方面作参考。

个人质量保证体系文件的结构

通过以上的章节，我们已对个人质量管理体系的文件结构有了初步的了解。个人质量管理体系是由四级文件组成：个人质量方针、程序文件、操作指导书和表格。各级文件的功能和编号方法如表 2.6 中所述。

表 2.6　个人质量管理体系文件结构　　F 0116

文件级别	文件类型	文件内容	文件编号
一级	个人质量方针	概括个人的信仰、人生价值观、处事原则、戒律等，用来指导个人生活	Q ×
二级	程序文件	对生活中的重要事宜制定适合自己的标准运作流程	P × ×
三级	操作指导书	对生活中的重要事项的操作制定正确的个人标准操作指导书	W × × ×
四级	表格	记录表格、参考数据表格、图及其他表格文件	F × × × ×

个人质量管理体系中的个人质量方针作为一级文件，采用 Q 加上一个位数字来编号。程序文件也不是很多，采用 P 加上两位数来编号。操作指导书数量多些，采用 W 加上 3 位数来编号。最多的是四级文件表格，采用 F 加上 4 位数来编号。在生活中，任何能够用到的或在个人质量保证体系的二级或三级文件中要用到的资料、参考数据、图表等，都可以编入四级文件中。

▌ 确立和运用个人质量保证体系

个人质量保证体系是一个全新的概念。建立个人质量保证体系是为了帮助你更好地完成所要做的事情。它可以帮助你避免可能产生的差错。

文件试运行

你制定的质量保证文件是否正确，需要仔细思考、检验判别。如果按照该文件的指引，你圆满地完成了任务，收到了预期效果，说明你编写的文件是正确的；如果在执行过程中，遇到了一些问题，与预期存在差距，则说明你编写的文件还存在缺陷，需要改进；如果按照该文件的指引，你未能完成任务，或者得到与预期完全不同的结果，说明你的文件没有起到应有的作用，存在严重不足，需要大幅修改或重新编写。你也可以参考其他做过这件事的人使用过的文件，借鉴其文件并进行适当的修改，使之完全适用于自己。然后，把它作为标准文件，并按照此标准来运作，就可以大大地预防可能产生的过错、避免可能走的弯路，使自己能够顺利完成这件事。这就是采用质量保证的方法来帮助自己顺利完成任务。

文件审核与修改

　　审核质量保证体系的原则是"说其所做",即文件上说的就是实际上做的;还有"做其所说",即完全按照文件上的规定进行操作。如果文件中规定的与实际操作的不一致,即为不符合项。一旦发现有不符合项,就需要实施整改措施来加以纠正。在整改过程中,首先需要分析产生不符合项的原因,之后再决定相应的整改措施。通常是先审查相关文件中的规定是否正确,因为修改文件要比修改实际运作或操作过程容易得多。如果经过检验,发现文件中规定的内容在实际运作或操作中是无法做到的,就要按照实际运作或操作步骤来修改文件中的相关内容,使之与实际操作过程相符合;如果文件中的规定被确认是准确无误和可以实施的,则应该按照标准文件来改进现有的工作内容,使其完全符合标准文件中的规定。即在任何条件下,都要做到"说其所做"和"做其所说"。

　　对于主要的不符合项应该使用整改报告的表格来进行纠正,这就是"个人质量管理体系不符合项整改报告"(见表2.7)。表格内容包括:对不符合项的详细描述、不符合项产生的根本原因、纠正措施、实施日期、整改效果的验证结果和报告的关闭日期等。有这样一份不符合项的整改报告存档,可以使个人质量管理体系变得更加完善。

表 2.7　个人质量管理体系不符合项整改报告　　F 0117

日期	
不符合项	
根本原因	
纠正措施	
实施日期	
效果验证	
关闭日期	

个人质量管理体系的维护和持续改进

在建立了个人质量保证体系文件，在生活相关事项中贯彻执行已制定的文件，并且对发现的不符合项加以整改后，就可以算是在运行个人质量保证体系，就可以在日常生活中准确高效地完成所要做的事情，减少或避免过失的产生。

日常生活中的许多事情是在不断发展变化的。为了适应这些变化，需要对个人质量保证体系进行适当维护和定期审核。例如，对程序文件，可每两年做一次自我审核；对操作指导书，可每年做一次自我审核。也可根据自己的需要来决定对文件的审核周期。在定期的自我审核中，你可能会发现，随着客观条件的变化，以前制定的运作程序或操作方法中的某些规程或许已经变得不合实际，这时就需要修改。修改后，可以使个人质量管理文件变得更为准确，与现实条件相符合。

当运行个人质量管理体系一段时间后，个人的素质有了提高，做事井井有条，工作质量和效率也有所提高。这时，就可以考虑进一步修改个人质量管理体系文件，以更高的标准来更严格要求自己，使自己的素质和工作质量有更高的飞跃。这就是个人质量管理体系的持续改进。

在生活中运用
个人质量保证体系

CHAPTER 3

在前一章讨论了有关个人质量保证体系知识的基础上，本章将抛砖引玉，来讨论如何在日常生活中建立并开发个人质量保证体系。即用质量保证文件来指导我们完成日常生活中的事情，提高做事的正确性和有效性，从而在提高个人成功率的同时，使自己变得更为优秀。

▌ 健康是人生最大的财富

人生中最宝贵的财富莫过于健康的身体。任何人都应该把自己的健康放在首要位置。随着人们生活条件的不断提高和医疗保健水平的日新月异，年龄在生命中的意义逐渐变得越来越次要，而健康才是生命中最重要的因素。

既然健康是人生的头等大事，我们就应该对自己的健康加以管理。特别是对于年长者、慢性病患者，建立适合自己的健康管理质量文件，可以指导自己参与有益于健康的活动，避免涉及不利于自己健康的活动，以使自己的身体长期处于良好的状态。例如，可以对自己的饮食、用药、身体状况的测量和锻炼等日常活动制定出质量保证文件并遵照执行。糖尿病、高胆固醇或高血压患者，应该在个人健康操作指导书中规定自己应该吃什么样的食物，什么样的食物要少吃，什么样的食物不应该吃等，每天在什么时间要按照医生的规定来服什么药，如何计量。还可以制定出自我健康数据检测的操作规程，如什么时间测量自己的血压或血糖等，并把测量的健康数据记录和保存下来。下次去看医生时，把记录表中的数据交给医生查看，使自己和医生都清楚地掌握自己的健康状况。还可以用记录结果来比较不同药物和治疗方法的效果，从而确定最佳治疗方法。总之，可以根据需要来制定有利于自己健康的个人质量保证文件，以指导自己的日常生活，使自己的慢性病得以控制及改善。

每个人，包括身体非常健康的人，都可以制定符合个人体质的锻炼或活动管理文件。例如，规定个人每周要做几次锻炼或活动、地点以及什么样的锻炼或活动等，制定出每周锻炼或活动时间表。如果是在体育馆里健身，可以更加详细地规定每项器械锻炼的具体内容和要求，即健身锻炼或活动的操作指导书。老年人可以根据自己的身体状况，制定适当的健身管理文件，如步行、跳广场舞等。老年人退休后有充足的时间，可参与多种个人喜爱的活动，把生活安排得丰富多彩。比如，打桥牌既娱乐又练脑；学习一门外语可以推迟大脑的衰退，防止老年痴呆，是一项健脑的活动等。凡此种种，都可以在制定健身管理文件时考虑进去。

医学书籍中有关健康的建议、指南等可以收录到自己的健康管理文件中，用来指导自己的日常习惯、饮食、锻炼、活动等。例如，对患有 II 型糖尿病的患者，个人健康管理体系相关文件中可以包括以下内容：控制饮食、避免暴食暴饮、避免高蛋白或高热量的食品过量的摄入；忌挨饿，忌过多食盐或过量吃肉，忌饮咖啡，要保证一日三餐正常进食；避免过于烦恼，要放松心态，减少压力；心平气和地对待他人和对待自己；不要超负荷地工作而耗伤元气等。不运动、不锻炼或不活动而导致气血不通畅也是患糖尿病的原因之一，所以要加强运动，每周应坚持数次有效果的锻炼或活动，保证充足的休息和睡眠时间，以促进激素分泌等。这些措施不仅适用于糖尿病患者，对于未患糖尿病的人，也应该把它们作为预防措施以防自己患上糖尿病。

科学饮食、健康饮食不只对慢性病患者重要，对健康人也同样重要。既要从食物中摄取足够的营养以保证充足的能量来源，又要避免或减少有害健康的食品的摄入。比如，抽烟无疑是导致肺癌的主要原因之一，应该杜绝；过量酗酒对肝脏和大脑细胞都有伤害。2015 年，世界卫生组织曾公布，加工肉制品及牛肉、羊肉、猪肉等红肉可能致癌，而鱼类食品不存在这样的隐患，在选择饮食时，可以适当考虑。

▍娱乐是人生的重要内容

娱乐是生活中的重要组成部分。如果健康在生活中排列第一，娱乐则可以排在第二。没有娱乐的生活算不上是高质量的人生。生活中的娱乐活动数不胜数：各种球类运动 (足球、篮球、排球、乒乓球、羽毛球、网球、高尔夫球、棒球、水球、冰球等)、游泳、垂钓、帆船、帆板、皮艇漂流、滑雪、登山、交谊舞、蹦迪、各类棋牌、K 歌、各种乐器以及旅游等，都会给人带来无尽的愉悦，也有益于健康。

你可以根据个人喜好、所具备的条件和时间，制定出适合自己的个人娱乐管理程序文件。例如，在个人娱乐管理的程序文件中，你可以规定自己每周或每个月需要做几次娱乐活动、做什么娱乐活动、在什么时间和地点等，来合理安排自己丰富多彩的娱乐活动。在紧张的工作之余，参加自己喜爱的娱乐活动，可以放松自己的情绪，带来喜悦，增强自己的体质；同时也丰富了自己的生活，提高了生活的质量。而这些，只需要对自己的娱乐生活做些最基本的管理和计划就能够实现。

对于某项新参与的或自己不太熟练的娱乐活动，制定基本的操作指导书可以有效地帮助自己学习和掌握此活动的技能。初学者如果能够从网上搜索到相关动作要领的信息，可以把该活动中的动作要领编写成适于提高技能的动作指导书，帮助自己快速有效地学习和掌握动作要领。或者参加一些课程，把课堂上学到的重要内容，归纳成动作指导书，然后按照动作指导书来练习，以提高自己的技能水平。

艺不压身，多多益善。一旦你掌握了某项活动的技能，这一技能将永远属于你。制定和使用动作指导书是掌握和提高技能的有效方法。随着人们生活水平的日益提高，精神方面的娱乐变得尤为重要。因此，制定适当的娱乐管理文件，除了丰富自己的业余生活，也有益于个人健康长寿。

▌ 贵重物品的采购

　　购物是一项日常活动，而且越来越多地以网购的形式来完成。如有必要，特别是对购买力不是很强的消费者，可以对贵重物品的采购制定出相应的管理文件。其中内容可以包括：在购物前对将要购买的物品须具备的功能、特征都有所了解，然后确定所要购买物品的参数要求的清单和目标价格范围。在网上或商店中进行粗选，针对列出的欲购买物品参数货比三家，最终确定所要购买的物品。在购买之前，还可以考虑商家是否近期有促销活动以及自己能否等到有促销时再购买（在美国大的节假日，特别是"黑色星期五"，许多商店有促销活动。中国的"双 11"有更大的网购促销）。购买大件物品后，最好对其所具备的主要功能做一下全面的测试，如果发现有不合格项可及时更换或保修，以免在保修期过后才发现缺陷或某项功能缺失，而无法获得免费的保修。

　　购车管理属于购物管理的一部分。购车与购房相类似，但流程更简单。不同的是，车市总是买方的市场；很少有某种车被抢购一空的情况出现，所以买家有足够的时间来挑选，直到满意为止。购车的主要内容是如何挑选一款舒适的、价格合理的、性能指标和外形都满足自己要求的车型。你可参考第 2 章介绍的购房管理文件，首先列出自己购车时需要考虑的因素及目标参数，制定出"购车目标参数表"，然后比较各个因素之间的相对重要性，制定出"购车考虑因素相对重要程度表"，由此可以得出"看车评分记录表"。然后，你就可以用此评分表在网上或售车行来考察候选车型，逐一评分，最后根据总分汇总的评分结果，挑选出自己最满意的车型。

▚ 交友和择偶

每个人一生中都会有各种各样的朋友。从新认识的人中选择深交的朋友时，应该谨慎考虑。例如不与身染恶习的人深交，以免误入歧途。个人质量方针对你交友会产生一定影响。你想做什么样的人，就会与什么样的人交朋友。如有需要，可以用质量管理文件的形式明确规定自己，什么样的人不宜交朋友，什么样的人可以成为普通朋友，什么样的人可以通过深交发展成挚友。

对于在工作中经常需要与陌生人打交道的业务人员，如销售员或采购员等，沟通能力是非常重要的技能。为了提高这一能力，不妨制定一个增强个人沟通能力的操作指导书，内容可以包括怎样接近陌生人并与其交谈、如何与别人友好相处、如何选择彼此感兴趣的聊天话题、在聊天时需要注意和避免哪些事、怎样寻找共同点寻求共鸣等。只要把这些要点记录在沟通能力培养操作指导书中，就可以提高个人的交际能力，增加业务成交率。

人们择偶的方式不尽相同。有些人倾向于一见钟情，有些人喜欢作较全面了解而慢慢考虑。除了一见钟情外，你可以把自己择偶时需要考虑的因素一一列出，如学历、职业、身材、相貌、年龄、经济条件等外在因素以及脾气、性格、气质、业余爱好等内在因素。你可以把第一次约会时应该注意的事项列成操作指导书，例如应该做的事情，应该避免做的事情，以及应该避免谈及的事情等。

择偶的目的是为了建立一个幸福美满的家庭。所以，首先，你要考虑的问题是，候选对象是不是自己所喜爱的以及对方是否也喜爱自己；其次，你想在未来建立一个什么样的家庭也应该是极为重要的考虑因素。在择偶之前，你可以先制定出个人对未来理想家庭的期望目标——家庭梦，并以文字的形式清楚地列出。在与候选对象相处的过程中，参考自己的家庭梦，来评估该对象是否能与你共建你的未来家庭梦。如果候选对象的未来家庭梦与你的未来家庭梦并不相同或格格不入，或者其并不具备实现你未来家庭梦的条件或潜力，就需要你来决定是放弃你的未来家庭梦还是放弃他或她。反之，他或她就具备了作为伴侣的必要条件，可以继续相处以求更多了解。假如在择偶时没有考虑过自己的未来家庭梦，结婚后才发现伴侣不能与自己共建理想家庭，则事已太迟，你要么接受现实，要么经过再三考虑后决定分手。

　　须指出的是，上面所讨论的择偶时考虑的诸多因素，应该是在有较多候选对象的情况下才可行。否则，更重要的是抓住机遇。机不可失，命运是靠自己来把握的。如果真的有一见钟情的机遇，那就不应该轻易放过，也许那正是缘分所在。而在长期接触中，自然滋养出的爱情更是难能可贵，或许比自己的未来家庭梦更为重要。

� 出游可以安排得井井有条

　　外出旅游已经成为人们生活中的重要组成部分，不仅可以在节假日里出国游或远程旅游，而且可以利用周末来安排短途旅游。因此，制定一个适合于自己的出游管理文件，可以使出游的筹划和准备事宜日渐标准化，使出游时的各项活动变得井井有条。特别是对于自由行的游客，这样做可以事半功倍。

　　制定出游的管理文件时至少可以考虑以下几部分内容：

　　出游筹划。预先查找并选择旅游景点，是历史、文化、风光三者兼具的大都市，还是海边休闲的旅游景点？还要计划好要去的景点、行程安排和估算费用等。出国游时，游客大多都喜欢购物，可事先准备好购物清单，找到购物点。

　　制订"个人旅行日程计划表"。对自由行的旅游者，应该制成一个"个人旅行日程计划表"，包括旅行线路、日程安排、食宿安排、交通工具、观光景点等。在旅行期间，只要查看一下这张表，就可以清楚地知道当天的交通工具、时刻表、要下榻的酒店、要去的景点及其他主要活动等。这样，在旅行的途中，一切都会变得井井有条。

　　出游前的准备。把要携带的物品制成一个检查表，包括证件、现金、信用卡、用具和衣物等。可上网查询以前的游客写的评论和当地的气温，来决定要携带的其他必需的用品和衣物。每次出行前收拾行李时，按照检查表来最后检查一下是否遗漏重要物品，以确保万无一失。

　　出游期间需要做的事情。按照"个人旅行日程计划表"的内容来开展每天的活动。除了在时间上必须严格执行交通计划和住宿的安排外，重点是在旅游景点的观光。景点和观光时间应有一定可调节性，以满足自己的兴趣爱好。出国游者可到已经选好的购物地点，按照购物清单去采购等。

　　其他事情因人而异，每个人可根据自己的需要来制定适合自己的与旅游相关的管理文件。有了个人出游管理文件，每次出游前只需按照上述的方法做好出游的详细计划，并在出游时按照计划来操作就可以了。这样就起到了有效管理个人出游日程的作用。这个方法不仅适用于旅游观光，也同样适用于公差旅行。

▌ 个人修养日趋完美

　　世上每个人都有优缺点。所以，在经过分析从而正确地认识自身的优缺点后，可以制定措施发挥优点、改正缺点。你可以根据个人的需要，为自己制定一个质量管理文件来指导自己在工作和生活中的行为，使自己更好地发挥优点、改正缺点，从而进一步提高个人素质。个人自我修养管理文件可以作为个人行为准则，来指导自己哪些事情应该做，哪些可以多做，哪些不该做或根本不能做。例如，要心地善良、助人为乐，不可以有任何害人之心或损人利己的行为。个人自我修养的管理文件还可以把自己"要"的（如要文明、要友善、要刻苦向上、要光明磊落）及"不要"的（不要犯法、不要贪污腐化、不要蛮不讲理、不要欺负弱者）等都包括进去。

　　个人自我修养管理文件的一个重要作用是约束自己、监督自己改正缺点，所以管理文件须明确指出自身的缺点并告诫自己在哪些方面可能会犯错误。例如，有些人有说脏话、抽烟、酗酒、赌博等行为；有些人贪污受贿、以公肥私；有些人以权自居、专横跋扈；有些人贪图小利、不实事求是；有些人与同事相处不融洽，等等。这些都是需要改正的缺点。自我修养的管理文件应该制定具体的行动措施，来改正自身缺点，不断完善自己，从而变得越来越优秀。

　　个人自我修养管理文件与个人质量方针有些类似。不同的是，个人质量方针是为自己的人生制定总纲领性的做人原则和规范；个人自我修养管理文件是从细节上规定自己具体的言行举止，并且有具体的措施来指导自己发挥优点、改正缺点，从而不断提高自我修养水平。

　　以上只是举例说明了在生活中可以建立个人质量保证文件来管理自己生活的一些方面。实际上，在生活中，有很多地方可以建立个人质量保证文件来实施自我管理。每个人应该根据自己的实际情况，对自己提出管理要求，然后按照第 2 章提供的方法，编写相关的质量管理体系文件，并贯彻到底。同时，要对这些文件进行必要的修改、维护和提高等，从而建立个人质量保证体系。

每个人都有潜力做成
某些事情

CHAPTER 4

　　每个人都有潜在的能力来做成某些自己想做的事情，但首先需要清楚自己想做什么。

　　人们通常能够很好地计划明天要做的事情，但是对于自己一生所要做的事情，却很少有人能作出成功的人生战略规划。这其中有很大一部分的原因是因为人们对怎样制定人生战略规划并不十分清楚。事实上，有关如何制定人生战略规划，目前还未发现一个完整的、清晰的模式可以供人参考。人们往往把制定个人的人生目标作为人生战略规划的全部内容。然而，怎样才能够合理地制定出个人的人生目标？其依据又是什么？对已经制定的战略规划，又怎样来采取有效的措施来实现设定的目标？本章将以独特的思维方式对人生战略规划的内容和实施步骤作一些初步的探讨。

▌人生旅途只有单程车票

从诞生的那一刻起，每个人的父母就为其准备好了一张人生旅途的单程车票。既然是单程车票，就没有机会进行第二次人生旅行。当人生旅途的快车行驶了一段旅程后，回头一望，人们或多或少都可以总结出一些经验教训，觉得自己在某些方面或某些事情上做得不够好。比如，人们也许会觉得自己没有好好利用人生的宝贵时间来做自己想要做成的事，大有虚度光阴的感觉。当意识到这一点的时候，已是亡羊补牢了。如果人们在人生旅途之初，充分考虑未来的人生旅途，认清自己想要做的事情，并做些必要的准备和安排，同时全力以赴实现个人目标，那样就会使未来朝着自己所期望的方向行进。这就涉及人生的战略规划，以达到人生优质化的目的。正确的人生战略规划可以帮助人们少走弯路，有效地利用自己有限的时间，避免人生产生重大过失，帮助人们在人生的旅途上更加顺利地前行。

个人人生战略规划是对整个人生作出一个宏观的规划：确定人生的发展方向、将来要做什么样的人、要做成什么样的事，还包括个人对成功的定义、将来想要取得什么样的成绩或成就等。人生战略规划实际上就是自己设定在不同的人生阶段中应该达到的战略目标，并为实现这些目标而全力以赴。没有设置目标的人生是空洞的。实现所设定的目标是人生规划的成果输出，也是人生规划的成功度量。那么，当有了个人人生目标，又怎样才能够实现所设定的目标呢？实际上，实现设定的目标比设定此目标可能要难千万倍。

个人人生战略规划是个人质量管理体系的一个重要组成部分。一个不想荒废一生的人，都应该考虑自己的人生规划。它不仅帮助你更好地把握住人生的方向，还可以有效地提高自身素质，增强竞争力，使自己更加成功。

本章要讨论的是个人人生战略规划，即怎样更好地设定人生各个阶段的目标，以及怎样来实现所设定的目标。一个人如果没有人生目标及各个阶段目标，就会失去前进的动力。设定人生目标就是给自己注入前进的动力。因此，个人的人生目标及阶段目标可以统称为个人“动力目标”。

个人动力目标的意义

每个人都具有做成某些事情的内在潜力，关键在于怎样才能够发挥这一潜力。设定动力目标就是为了更好地发挥个人潜力。动力目标是心灵的力量，是前进的动力，是自我存在感的基石。动力目标能够使你看清自己的使命，认识到自己的人生价值。动力目标可以把个人的思维、身体和精神联系起来协调动作。动力目标应该与个人的人生观和价值观紧密相连。当你所从事的工作与你的人生观和价值观相同时，才会表现出热忱和主动性。设定动力目标可以更好地激励和鞭策自己，从而让自己变得更加优秀。

个人动力目标包括以下几个方面：

人生目标。人生的目标是要远大的，且有一定的高度。这个目标会为自己未来人生的道路指明方向，给自己的行动提供动力。

长期目标。是为了完成设定的人生目标而制定的不同时期所要达到的目标。

中期目标。为实现长期目标而制定的具体的目标。

短期目标。为实现中期目标而制定的更详尽的目标。

动力目标的实现离不开具体的行动。行动计划是完成动力目标的重要组成部分。为了完成短期目标，须制订并实施本周行动计划和次日行动计划。只有切实而有效地完成行动计划中的每项任务，才能够在人生的旅途上取得一点微小的进展；只有众多的行动计划得以完成之后，才能实现个人的短期目标；只有实现了短期目标，才能为进军中期目标做好准备；只有在完成中期目标之后，才能通往远大的长期目标；完成了长期目标才能为最终实现人生目标而奠定坚实的基础。正所谓"千里之行，始于足下"。

设定动力目标会使你有能力把握现在。同时，它会为你提供一种自我评估的方法，有助于你评估事业的进展情况。它还能使你把工作重点从工作本身转到工作成果上。个人动力目标的制定受到许多因素的影响，须经过一番仔细分析之后而得出。在制定个人人生目标或动力目标之前，要考虑个性特征（详情请参考下一节内容），在此基础上才能比较科学地、合理地制定出适合自己的动力目标。

值得指出的是，制定个人动力目标的目的不是为了做宣传，也不是为了与其他人分享，而是为了更好地指导自己的行动方向。另外，不应该把目标设定得过高，以致难以实现。这样反而不会有助于你成功。

▉ 用 SWIFA 法分析自己的特征

为了更加合理地制定出个人动力目标，本书的著者创建了一个全新的方法来分析个人特征——SWIFA 法。SWIFA 的含义是：

★ S（Strength）：强项

★ W（Weakness）：弱项

★ I（Ideal）：理想

★ F（Fit）：适合项

★ A（Avoid）：回避项

SWIFA 法与通常商业界所说的 SWOT 法不同。SWOT 法是用于在商业竞争中的公司经营特点分析；SWIFA 法则包含了个人的主观因素。SWIFA 法只适用个人生涯规划中的个人特征分析，而不适用于商业中公司经营的分析。因为公司的业务经营是以客户的需求为导向的，而不是完全按照公司的愿望来决定的。而 SWIFA 法中个人的主观意愿则是个人战略规划中极为重要的考虑因素。

SWIFA 法具体分析方法如下，参见表 4.1。

表 4.1 SWIFA 法：个人特征分析

姓名：	日期：
强项 (S)	
弱项（W）	
理想 (I)	
适合项 (F)	
回避项 (A)	

S（强项）：首先需要作自我评估。对自己的强项作出全面的分析，包括个人天赋、特长、能力、知识结构、经验、性格特点、外观、体能、毅力、资源等，以确定自己在哪些方面与他人相比，更具有优势。把自己所具备的

强项列在 SWIFA 表中的"强项（S）"栏中。

W（弱项）：类似的，对自己的弱项作出全面的分析，从以下几个方面来衡量：天赋、特长、能力、知识结构、经验、性格特点、外观、体能、毅力、资源等。把自己的所有弱项列在 SWIFA 表中的"弱项（W）"栏中。

I（理想）：分析并列出自己的理想、愿望、想从事的行业和职业。把它们列在 SWIFA 表中的"理想（I）"栏中。

F（适合项）：分析客观环境的条件状况和未来的发展趋势，确定适应于客观环境和未来发展的相关领域，作为个人选择的考虑范围。根据你"强项"栏中所列的强项，来衡量哪些领域适合于你未来的发展，由此列出适合自己的行业和职业。把这些适合于发挥你强项的行业和职业与你的愿望及想从事的行业和职业相比较，如果有重合处，就是最适合你的行业和职业。把它们列在你的 SWIFA 表中的"适合项（F）"栏中。

A（回避项）：根据你"弱项"栏中所列的弱项，找出你不适合的行业和职业。这些行业和职业应该不在你所列出的个人理想和愿望的范围之内，因为你不具备从事这些行业或职业的特长，从事这些行业或职业不能充分发挥你的潜力。同时，你需要分析客观环境中存在的危险或具有衰退趋势的领域和行业，包括那些可能会被人工智能取代的行业，把它

们列入你的"回避项（A）"栏中。即使你将来有机会从事
这些行业或职业，也应该尽量回避，因为从事这样的行业或
职业将不会有长久的发展。另外，那些不合法的所谓的"生
财之道"等也应该列入你的"回避项（A）"栏中。

选择适合项作为你的发展方向，它既可以发挥你的优点和特长，
又能发挥你的主观积极性，也符合你的理想和愿望。这样，你就已
经具备了走向成功的必要条件。在做个人的强项 S 和弱项 W 分析时，
应该做一下本章第 4 节中介绍的 MBTI 的测试，正确了解自己的性
格倾向，从而更好地规划自己的职业发展方向和人生目标。

正确地认识自己，对于树立人生目标是非常重要的。在中国
有许多成功人士的例子。比如，许多世界体育比赛冠军就是因为他
（她）们在很小的时候就清楚地了解自己的长项，或者在小时候就设
定了人生理想，从而坚定不移地走出了成功之路。也有许多成功人
士是在大学或步入成年人阶段之后才清楚地认识到自己的长项、理
想和真正喜爱的职业，然后明确人生目标，而放弃了大学里所修的
专业，转到自己真正喜爱的专业而走向了成功。

在这方面，一个众所周知的例子是曾经多年排在全球首富排行榜
首位的比尔·盖茨。他在排名世界第一的哈佛大学修读法律专业（该
大学的该专业出过美国总统），并在读本科期间就深知自己的专长和
所喜爱从事的行业，因而在毕业前就放弃了学业，创办了微软公司，

为人类创造了价值无法估量的财富，同时也让自己成了全球首富。

另一个例子是科技业巨人史蒂夫·乔布斯。他在里德学院大学学习期间，就热衷于研究佛教禅宗。休学后，他在雅达利公司任技术员一职。他曾经用了7个月的时间去印度灵修，然后有了新的认识："爱迪生对世界的贡献，比佛教大师要大得多。"随后，他才决定放弃宗教禅学而投身开发科技产品，并在其父母的车库里创办了苹果公司。正是因为史蒂夫·乔布斯更改了其人生目标，放弃了宗教禅学而创办了苹果公司，今天世人才会有诸如 iPhone 这类最流行的科技产品。

由此可见，确定人生目标对一个人的成功是何等重要。对某些人而言，其人生目标一直非常清楚；而对另一些人而言，则要经过一番思考和摸索，才能最后确定人生目标。无论早或晚，重要的是，一个人需要有适合自己的个人人生目标，才能更好地发挥出潜能。

有些人具备不止一方面的专长，其人生的理想也不止一个。一种情况是，因客观条件的限制，当在某一方面的特长难以发挥、人生理想难以实现，而另一方面的特长容易发挥、人生理想比较容易实现时，自然而然地，他就会从自己原来拟定的人生发展方向转到了新的人生发展方向。例如，著名歌唱家蒋大为本来是想成为一名画家，因机缘巧合而进入文工团成为一名歌唱演员，并最终成为顶级歌唱家。综上所述，虽然一个人的人生目标发生了大的变更，只要他选定的新的人生发展方向适合自己的特长、符合自己的理想，就可以充分发挥自己的潜力，走出一条成功之路。

　　另一种情况是，一个人在幼年时制定了人生目标，但随着年龄的增长，这一人生目标不得不终止。这时，就需要为自己制定新的人生目标。比如，许多世界比赛的奖牌获得者在退役后，都开始了新的人生规划，为自己制定了新的人生目标（如体操王子李宁）。所以，在人的一生中，要根据自己所具备的客观条件来修改个人的人生目标，而这也是正常的和必要的。

　　在确定或修改你的人生目标之前，用 SWIFA 法作全面分析，并经过深思熟虑，了解你的强项（S）和你的理想（I），能把二者结合在一起的领域，就是你通往成功之路的领域，并由此来确定你的动力目标。

▉ 客观环境条件须考虑

　　个人所处的环境是在制定个人动力目标，特别是短期目标时，需要考虑的重要方面。马斯洛的需求层次理论把人的需求由低层次到高层次分成 5 类：生理需求、安全需求、社交需求、尊重需求和自我实现需求。其内容如下：

　　生理的需求。这是人类维持自身生存的最基本要求，包括饥、渴、衣、住等方面的要求。如果这些需求得不到满足，人类的生存就成了问题。从这个意义上说，生理需求是推动人们行动的最强大的动力。马斯洛认为，只有这些最基本的需求达到维持生存所必需的程度后，其他的需求才能成为新的激励因素，而到了此时，这些已相对满足的需求也就不再成为激励因素了。

安全的需求。这是人类要求保障自身安全、摆脱财产威胁、避免职业病的侵袭等方面的需求。马斯洛认为，人有一套追求安全的机制，在这套机制的作用下，人的感官、智能等都是寻求安全的工具，甚至可以把科学观和人生观都看成满足安全需求的一部分。一旦这种需求得到满足后，也就不再成为激励因素了。

社交的需求。这一层次的需求包括两个方面的内容。一是友爱的需求，即人人都需要伙伴之间、同事之间融洽的关系或保持友谊的忠诚；人人都渴望爱情，希望爱别人，也渴望得到别人的爱。二是归属的需求，即人都有归属于某一个群体的感情，希望成为群体中的一员，并相互关心和照顾。社交上的需求比生理上的需求更为精细，它和一个人的生理特性、经历、教育水平、宗教信仰都有关系。

尊重的需求。人人都希望自己有稳定的社会地位，要求个人的能力和成就得到社会的承认。尊重的需求又可分为内部尊重和外部尊重。内部尊重是指一个人希望在各种不同情境中有实力、能胜任、充满信心、能独立自主。总之，内部尊重就是人的自尊。外部尊重是指一个人希望有地位、有威信，受到别人的尊重、信赖和高度评价。马斯洛认为，尊重需求得到满足，能使人对自己充满信心，对社会充满热情，体验到活着的价值。

自我实现的需求。这是最高层次的需求，它是指实现个人理想、抱负，最大限度地发挥个人的能力，达到自我实现的境界，接受自己也接受他人，解决问题能力增强，自觉性提高，善于独立处事，要求不受打扰地独处，完成与自己的能力相称的一切事情的需求。也就是说，人必须干称职的工作，这样才会感到最大的快乐。马斯洛提出，为满足自我实现需求所采取的途径是因人而异的。自我实现的需求是努力发掘自己的潜力，使自己越来越成为自己期望的人。

马斯洛的需求层次理论告诉我们，人们通常生活在这 5 种需求层次中的某种层次上，即该种需求层次在所处的环境条件下起主导作用。人们的需求层次是由低阶逐步发展至高阶的。当某人处于某个需求层次时（如安全的需求），意味着比这一层次低的需求层次（生理的需求）已经得到了满足，并且这个低层次需求对他已经没有激励作用了。人们在满足了所处在的需求层次的需求后，才会上升至更高阶的需求层次。

在这5种需求层次中，最高需求层次是自我实现的需求。无论一个人最初处于哪个需求层次，都可以通过努力来改善自己所处的环境，最后达到最高的需求层次——自我实现的需求，即实现自己的理想、梦想。这与本章第一节"动力目标"中讨论的实现人生目标是同一个概念，即做成自己想要做的事，实现自己的梦想。

由于所处的需求层次不同，对自我实现的需求所考虑的程度会有不同。那些处在低阶的生理需求和安全需求层次的人群，由于客观环境的限制，过多考虑的是其所处层次的需求，还来不及考虑自我实现的需求。这是由其所处的客观环境条件所决定的。但是人生战略规划就是要从主观上设定个人人生目标。虽然一个人目前还处于低阶的需求层次，但只要具有积极的上进心，拥有自己的人生目标，是能够经过自己的奋斗，使自己达到"自我实现"的最高层次。

本章第1节已经阐明人生目标是在完成了短期目标、中期目标和长期目标之后才得以完成的最终目标。马斯洛的"自我实现的需求"是在完成了其他的需求层次后，才能达到自我实现的需求。两者都表明：实现人生理想是要经过一番努力才能达到的最高境界。因此，寻求上进的人，无论所处的环境条件如何，都应该作好战略规划，设定人生目标。

每个人的人生目标不尽相同。目标的好坏，不在于目标的高低或内容如何，而在于是否适合自己，是否能够实现。本章的第2节中已经介绍了如何用SWIFA法分析后确定适合自己的人生目标。因为人们的经历不同，生活状态不同，文化素养和受教育程度不同以及对价值的认识不同，人生目标也是多种多样的。重要的是，要确定适合你的人生目标，并以此为基准，制定出长期目标作为实现个人目标的基础。

不同的生活环境条件会影响个人的短期目标（甚至中期目标）的确定。中期目标是为实现长期目标而制定的具体的目标；短期目标是为实现中期目标而制定的更详尽的目标。中短期目标需要与个人的人生目标和长期目标相符合，同时也必须考虑个人所处的需求层次。人们可以处在 5 类不同的需求层次中，因此，由所处的客观环境所决定的需求层次应该成为制定个人短期目标所考虑的重要内容。在不违背人生目标的前提下，短期目标应该以满足个人的需求层次为主要目的。例如，处于生理需求层次上的人们，其短期目标是满足维持自身生存的最基本要求，包括饥、渴、衣、住等。只有在满足这些最基本要求后，生活才可以继续，才可以为今后实现人生目标做好必要的准备。值得注意的是，短期目标不能与人生目标背道而驰。

当人们刚刚来到一个新的环境时，例如大多数出国留学生（非富二代）在刚刚出国留学时，通常都处于生理或安全需求的层次。所以，他们首先要解决的是衣食住行方面的事情。其短期目标应包括在新的环境下如何改善自己的生活条件，立稳脚跟。要么结合自己的专长，从事相关工作，要么设定短期目标掌握一种新技能，并借此获得经济上的收入。制定这些短期目标，并不影响你仍然拥有远大的人生目标。当你完成学业，找到工作，有了稳定的财务收入，就可以买房，从而进入更高的需求层次。之后，你再向实现自我的需求层次，向着自己设定的人生目标逐步迈进。客观环境和外在条件会影响个人的短期目标，但并不妨碍自己的远大目标。中国的进城务工者寻找工作的过程与留学生刚刚出国留学的过程有些类似，都有必要设立短期目标使自己获得经济收入从而在陌生的地方立稳脚跟，然后再考虑如何实现个人的远大理想。所以，短期目标应该兼顾个人的需求层次和人生目标。

如果设定了人生目标，即使处在困难或遭遇失败的情况下，仍然可以信心十足地走下去。比如，有些体育明星和影视武星在身体严重受伤后，继续坚持下去而取得了成功。在中国的"北漂"一族中，有许多最终成为名演员或歌星的人，都经过了一段艰苦的岁月。有些人不得不住在地下室；有些人不得不向朋友借钱或靠家里的资助才能渡过难关；还有些人不得不做繁重的临时工作以解决生存问题。最终，他们中的许多人成功了。因为他们设定了明确的、适合于自己的人生目标，并坚持不懈地为之努力，直至成功。这里，著者并不希望人们都把成为歌星或演员作为自己的理想和目标。因为能够成名的影星或歌星毕竟是极少数，寥寥无几。重要的是，设定最适合你的人生目标。所以，还是应该用SWIFA法来作详尽的分析后，再找出适合自己的人生目标。一旦确定了人生目标，就全力以赴，坚持下去。

每个人都有内在潜力做成自己想做的事情。曾多次获得国际电影节大奖和二度获得奥斯卡金像奖"最佳导演奖"的李安导演，在美国获得了学士和硕士学位后的 6 年里，并没有很快找到能够施展才能的机会，只好在餐馆和片场做临时工。在逆境之中，他的人生目标没有改变，而是坚定不移地继续行进，走出了自己的成功之路，成了世界顶级的大导演。

爱因斯坦是近代科学的奠基人，是迄今为止最伟大科学家。他的人生目标无疑应该是成为一名科学家。然而，在毕业后的一年多里，他却难以找到工作。后经其女友的父亲介绍，才找到一份专利局专利审核员的工作，而且一做就是 7 年。专利审核员职务相当于技术员，虽然也是带有科技性质的工作，但这样的工作与科学家从事顶尖的科技研究工作还是有一定差距，与爱因斯坦的才华根本不相称。但这种短期目标性质的工作丝毫没有影响他成为世界顶尖科学家。在做专利审核员期间，26 岁的爱因斯坦于 1905 年在德国科学杂志《物理年报》上连续发表了 3 篇论文，包括著名的《狭义相对论》。人们对这 3 篇论文的评价是：这 3 篇文章代表了世界理论物理学方面最重要的成就，即使作者此前从未写过一个字，仅凭这 3 篇文章也足以成为伟人。之后，爱因斯坦才进入大学任教，并一直从事大学教授的工作。由此可见，结合艰苦的客观条件而制定的短期目标也是通往成功的一种路径。

▶ 性格特征起主要作用

　　MBTI 全称 Myers–Briggs Type Indicator，是一种自我报告式的性格评估工具，用以衡量和描述人们在获取信息、作出决策、对待生活等方面的心理活动规律和性格类型。MBTI 是当今世界上应用最广泛的职业性格测试工具。它已经被翻译成近 20 种世界主要语言，每年的使用者多达 200 万。它是采用题目的形式来测试人们做事和作决定时的心理倾向。

　　人们有不同的行为，这些行为表面上看是随机的，但实际上是人们在行为上的不同感知和判断上的取向不同而导致的。1921 年，心理学家卡尔·荣格发表了他经典的心理学类型学说。他相信性格差异同时会决定并限制一个人的判断。他把这种差异分为外向型 / 内向型、感觉型 / 直觉型和思考型 / 情感型。同时，他认为这些差异是与生俱来的，并且在一个人的一生中相对固定。

　　20 世纪 40 年代，美国一对母女伊莎贝尔·迈尔斯和凯瑟琳·布里格斯在荣格的心理学类型理论的基础上，增添了"判断型 / 感知型"，提出了一套性格测验模型。这套理论模型以她们的名字命名，叫作迈尔斯 – 布里格斯类型指标，简称 MBTI。

　　人们的处事方法与性格是多种多样的。心理学认为，"性格"是一种个体内部的行为倾向，它具有整体性、结构性、持久性、稳定性等特点，是每个人特有的，可以对个人外显的行为、态度提供统一的、内在的解释。迈尔斯和布里格斯根据人们在以下 4 个方面的处事习惯制定出了 M–B 类型标识。

按与外界相互作用的程度以及自己的能量被引向何处分类：

外向型（Extrovert，以字母"E"表示）关注自己如何影响外部环境：将心理能量和注意力聚集于外部世界和与他人的交往上。例如：聚会、评论、聊天。

内向型（Introvert，以字母"I"表示）关注外部环境的变化对自己的影响：将心理能量和注意力聚集于内部世界，注重自己的内心体验。例如：独立思考、看书、避免成为注意的中心、听的比说的多。

按自然注意到的信息类型分类：

感觉型（Sensing，以字母"S"表示）关注由感觉器官获取的具体信息：看到的、听到的、闻到的、尝到的、触摸到的事物。例如：关注细节、喜欢描述、喜欢使用和琢磨已知的技能。

直觉型（Intuition，以字母"N"表示）关注事物的整体和发展变化趋势：灵感、预测、暗示、重视推理。例如：重视想象力和独创力、喜欢学习新技能但容易厌倦、喜欢使用比喻、跳跃性地展现事实。

按做决定和得出结论的方法分类：

思考型（Thinking，以字母"T"表示）重视事物之间的逻辑关系，喜欢通过客观分析作决定评价。例如：理智、客观、公正。

情感型（Feeling，以字母"F"表示）以自己和他人的感受为重，将价值观作为判定标准。例如：行为对他人情感的影响、敏感、认为圆通和坦率同样重要。

按喜欢以一种较固定的方式生活（或做决定），还是以一种更自然的方式生活（或获取信息）分类：

判断型（Judging，以字母"J"表示）喜欢做计划和决定，愿意进行管理和控制，希望生活井然有序。例如：重视结果（重点在于完成任务）、按部就班、有条理、尊重时间期限、喜欢做决定。

感知型（Perceiving，以字母"P"表示）灵活、试图去理解、适应环境、倾向于留有余地，任事情自由发展。例如：重视过程、随信息的变化不断调整目标。

（本书第 2 章和第 3 章中讨论的建立和运用个人质量保证体系的方法，可能更适合于判断型性格的人，因为这类人喜欢做计划和决定，愿意进行管理和控制，希望生活井然有序。而对于感知型性格的人来说，这种建立和运用个人质量保证体系的方法可能显得死板，因为这类人更喜欢任事情自由发展。）

综合以上 4 个方面，得到 16 种不同的组合：ISTJ、ISFJ、INFJ、INTJ、ISTP、ISFP、INFP、INTP、ESTP、ESFP、ENFP、ENTP、ESTJ、ESFJ、ENFJ、ENTJ。通过测试，可以得出被测者的性格属于 16 种中的哪个类型。从 1942 年美国的 Briggs 和 Myers 开发了 MBTI 的第一张量表——量表 A，到目前为止已经有十多个版本，升级到了量表 M。测试表中的说明如下：选项没有"对"与"错"之分，选择更接近你平时的感受或行为的那项，请选择你是怎么样做的，而不要选择你想要怎样、以为会怎样或者认为哪样更好。性格无好坏，本量表检测你的性格倾向，而不是你的知识、技能和经验。

网上有许多关于这 16 种不同性格特征的讨论以及每种性格所适合做的工作。这里仅引用例子来说明这 16 种不同性格特征所适合的工作类型，以供参考。

公务员型，即内向感觉思考判断型（ISTJ）：喜欢 能控制而且需要重视细节的工作，他们在重视责任和生产力、需要依靠事实解决问题的工作环境中会表现得很好。

照顾者型，即内向感觉情感判断型（ISFJ）：喜欢奉献型和服务型的工作。他们最适合做幕后工作。

保护者型，即内向直觉情感判断型（INFJ）：喜欢帮助其他人，适合在团体或社区的工作。他们希望在世界上树立一个关心他人、乐于助人的形象。

科学家型，即内向直觉思考判断型（INTJ）：这种类型的人是梦想者。他们是有创意的人，最适合重视多种可能性的工作。

机械师型，即内向感觉思考感知型（ISTP）：喜欢需要速度的工作，而且他们经常以非常自主的方式快速完成任务。他们最适合需要自主性的工作。

艺术家型，即内向感觉情感感知型（ISFP）：喜欢能够帮助和支持他人的工作。他们的工作很低调，最适合辅助和促进协调的工作。

理想家型，即内向直觉情感感知型（INFP）：喜欢能够体现个人价值的工作。他们最适合需要经常反省、想象和沉思的工作。

思想家型，即内向直觉思考感知型（INTP）：这类型的人是抽象思考者，他们喜欢将想法概念化，最适合有创造性和挑战性、需要深思的工作。

实干家型，即外向感觉思考感知型（ESTP）：喜欢进取和有风险的工作。在需要做大量决策而后果不可确定的工作上，这些人会工作得很好。

表演者型，即外向感觉情感感知型（ESFP）：喜欢将自己投入社会冲突中。他们很适合那些需要经常出差、参与社交，而且需要有充沛精力的职位。

启发者型，即外向直觉情感感知型（ENFP）：这种类型的人比较关注人。在需要用创造性和直觉解决问题的岗位上，这些人会如鱼得水。

幻想家型，即外向直觉思考感知型（ENTP）：他们是精力充沛、有创造性和挑战精神的人。他们最善于将看起来完全不同的事物联系起来。

管理者型，即外向感觉思考判断型（ESTJ）：这种人是实用型的、具有多种能力的问题解决者。在需要组织人们研究方法或者开发系统的岗位上，这些人会工作得很出色。

关爱者型，即外向感觉情感判断型（ESFJ）：这种类型的人是优秀的仲裁员。他们最适合需要与别人协调的工作。由于他们出色的调停能力，他们经常被别人请来帮助处理冲突。

给予者型，即外向直觉情感判断型（ENFJ）：这种类型的人是强有力的说服者，他们擅长影响和说服他人，最适合激励别人采取行动。

领袖者型，即外向直觉思考判断型（ENTJ）：这种类型的人是天生的领导者。他们喜欢承担大量而广泛的责任，最适合管理工作。

在校并面临选择专业方向的高中生、即将走上工作岗位的毕业生、作职业规划的人或者正在准备调整职业方向的人，都应该全面地认识自己，清楚地了解自己的性格特征。特别是在作人生战略规划，用SWIFA法来制定你的人生目标时，应该先用MBTI测试表来评估一下自己的性格特征，从而清楚地了解自己适合做什么样的工作，哪些工作不适合自己。MBTI测试可作为本章第2节中首创的SWIFA法分析的预备部分。在分析个人特征之前，做一下MBTI测试可以更好地了解个人强项、弱项及性格特征，从而帮助自己更好地确定人生目标。（在网上可以找到免费的MBTI测试表。）

年龄时段不是障碍

处在任何年龄时段的人都可以为自己设定动力目标，只是因年龄的不同，其设定的动力目标的特征也有所不同。

儿童时期

　　绝大部分少年儿童在幼小的年龄时段都没有设定特殊的目标，而都具有共同的目标，即接受应有的教育，学好学校里的各门课程并为今后打好基础。但是也有少数人在少儿时期就已经在父母的帮助下设定了人生发展目标和未来想要从事的行业。这可能是因为以下某一个原因：个人在某方面的天赋、遗传基因的影响、个人的喜爱或独有的优越条件、周围环境条件的影响、父母因望子成龙而实施的培养计划，等等。父母的一个重要的职责就是要促使孩子在年幼时就学会独立思考：自己将来想做什么。许多有才华的人，如体育运动员以及艺术或文艺方面的人才，都是在年幼时就已经选定了人生发展的目标，并从小就开始培养专长、训练技能。如果一定要在少儿时期设立人生目标、进行人生规划，那么应在完整分析少儿特长的基础上，考虑其兴趣和客观条件的优劣后再作出决定。一旦在少儿时期决定一个人未来的发展方向，他将要花费极多的时间从事这方面的训练。在此过程中，投入是巨大的，而如果收效较微的话，就会得不偿失。这相当于"百年树人"的大计，需要慎重地、全面地考虑后再作出决定，最好用SWIFA法对儿童作全面的分析后再决定。年少时制定的人生目标，可能会随着时间的推移而有所变化。

　　实际上，在中国历史上，已经有一位杰出人物在确立和实现人生目标方面给后人树立了榜样。这个人就是我国唐朝的第一高僧：

玄奘法师（又名唐僧、唐三藏）。

玄奘大师俗姓陈，本名祎，河南洛州人，年幼时父母双亡，后于 610 年随仲兄（长捷法师）至洛阳净土寺。因受其仲兄和周边佛教环境的熏陶，自幼胸怀大志。614 年，洛阳招收僧人 27 名。主考大理卿郑善果见玄奘（那时他叫陈祎）年纪虽小，却对答如流，十分出众，便问其出家的目的何在。他回答："意欲远绍如来，近光遗法。"这句话的意思是："从远处看，我希望能够完整地继承释迦牟尼佛的教法、能够让一切众生都超出轮回；从近处看，我希望能够将佛教发扬光大、广度众生。"随后，他以沙弥身份被破格录入僧籍。一个十余岁的儿童，就已经知道自己的一生要做什么。

622 年，玄奘于成都受戒，后游历各地，参访名师，讲经说法。通过多年来在各处讲学所闻，他深感异说纷纭，无从获解。遂定下个人的目标：去印度求弥勒论师之要典《瑜伽师地论》作为依据，发扬法相唯识宗之根本理论。

627 年，他打算首次西行。但因当时由唐往西域，必须皇帝特许，他两度上表陈情，都未获批准。后因长安遭遇大灾，政府允许百姓自寻出路，玄奘借机混入灾民中偷渡出关。原来与其约定的同行者已改变了主意，但玄奘仍冒险出关，独自成行。由长安经秦州、兰州，而抵凉州。此时，长安追捕令已送到凉州。凉州都督下令：不许西行取经，立即回京；若继续西行，会有杀身之祸。幸有凉州一位佛门领袖，派了两个弟子于夜半更深时护送他偷偷出关。历尽艰难，他穿过甘肃走廊，抵达瓜州。随后，他独自一人偷偷穿越 5 个烽燧，进入了 800 里大沙漠——莫贺延碛大沙漠。在穿越中，他差点儿被守护的士兵射中。后路经高昌，国王苦劝挽留，并愿意拜他为国师，请他久居高昌，受其供养并誓不放行。玄奘坚定地拒绝并绝食 3 日。到了第 4 天，国王只好同意放他走，并要求他从印度回国路过高昌时，留住 3 年。后玄奘与之义结兄弟之盟，并承诺必由高昌返程，才得以继续西行。

如果玄奘没有树立远大的人生目标，在得一国王礼遇、养尊处优时，可能会放弃西行求法之目标。但玄奘没有为物欲而动摇其目标，继续踏上艰险的旅程。

历经艰辛，玄奘终于到达印度佛教中心那烂陀寺求取真经。642 年，印度戒日朝的国王在曲女城举行佛学辩论大会，请玄奘为论主，参加者有五印（即印度。古印度区划为东、西、南、北、中五部，故称"五印"——编者注）18 个国王、3000 个大小乘佛教学者和 2000 位外道人士（佛学术语，又作外教、外法、外学。指佛教以外的一切宗教。——编者注）。当时玄奘讲论，大家可以随便提问题，但无一人能难倒他。此次辩论让他名震五印，并被大乘尊为"大乘天"，被小乘尊为"解脱天"。

玄奘本可以留在印度，那里有最好的研究佛经的环境和条件，但他选择了继续坚持他的行动计划，以完成他的人生目标。

645年，玄奘返达长安。此时，他已取得了极度辉煌的成就，可以说已经完成了其宏大的人生目标。但是回国后，他就开始组织翻经译典。截至664年圆寂前，共19年，他先后译出佛典75部，1335卷。所译之经，后人均称为"新译"。他还口述并由弟子辩机执笔，于646年7月完成《大唐西域记》，共12卷。明代吴承恩的《西游记》就是以《大唐西域记》为蓝本创作而成。

在历史上，唐僧是一位充满了个人理想，并且实现了其宏大而艰难的人生目标的勇敢、坚韧、有魄力的伟大人物；但在神魔小说《西游记》中，唐僧却被描述成了一个唯唯诺诺者。作家吴承恩这样写《西游记》，为的是凸显齐天大圣的神通广大。《西游记》毕竟只是神魔小说。

我们来看看玄奘宏大的个人行动计划：一人出游达17年，西行5万里，历经110国，艰辛到达印度取得真经，学遍了当时的大小乘各种学说，共带回佛舍利150粒、佛像7尊、梵箧佛典共526箧、经论657部。回国后，他继续主持翻译工作，一生共译佛教经论75

部 1335 卷。这应该是迄今为止，人类历史上最为宏大和最艰难的个人行动计划。古今中外，还有谁实施了如此艰难、长久和宏大的个人行动计划？而这一人类历史上最艰难和宏大的个人行动计划，玄奘早在 1300 多年以前就已经完成了。

少年时期

　　一名儿童将来会具备什么样的素质和体能，长辈的引导和培养及周边的环境和条件起着非常重要的作用。除了为人师表外，如果期望自己的孩子将来有健硕的体魄，并有一定的技能来从事不同的活动，家长就应该鼓励并尽可能地经常带领年幼的儿童以娱乐的方式来参与不同的活动和运动。在年幼时打下良好的基础，在今后的成长过程中，儿童就会对许多活动和运动感兴趣，并能很快地掌握它们。

　　在青少年时期，除了要学好学校规定的课程外，另一个重要的任务是锻炼好自己的身体。此时的身体正处于发育的重要时期，如果在这个人生阶段锻炼好身体，将会一生受益。体育锻炼除了能够增强个人的体能、促进身体发育外，还能锻炼人的毅力和耐力。通过锻炼获得健强的体魄，将给一个人一生的生活和工作创造极为优越的条件。

　　高中时期，基本上要选定自己未来的职业发展方向。高中和大学期间，通常是人生目标的酝酿准备阶段。通过在学校的课程学习，一个人的智力水平会有很大提高，知识也快速地积累。与此同时，他开始全面考虑个人理想、兴趣、价值观、人生的意义等。随着对社会的深入了解，他还会逐渐意识到自己对社会的一份责任。这也将促使个人建立人生目标。越是动荡的年代，社会对一个人人生观的影响就越大。虽然大部分青少年在学生时代还处在人生目标的酝酿准备阶段，但是那些善于思考的年轻人在这一阶段就已经确立了未来的人生目标。越是动荡的年代，人们在思想上越发早熟。例如，在民国初期的动荡年代成长起来的一代人中，许多都是在青少年时就确定了人生目标，如毛泽东、周恩来、邓小平、刘少奇、张国焘、李立三、蔡和森、向警予、杨开慧、蔡畅等。

青年时期

如果在学校期间还没有确立人生目标，那么走向社会的最初几年是确定人生目标的重要时期。这时，一个人已经在学校获得了一定的知识，并试图应用它们。但此时也是真正学习有用知识的开始：从实践中、从前辈那里学到在学校没有学到的知识和经验。通常来说，人一生工作所需的大部分知识，是在工作后学习得到的。除了学习专业知识、培养工作技能、积累经验外，还应该培养自我管理的能力，为人处世的技能，处理好与领导、同事、客户的关系等方面的能力。

调查发现，相当多的大学生对于将来的职业没有一个非常明确的定位，不知道自己将来一定要做什么。此时，需要根据自己的条件，用SWIFA法来作全面分析，并确定个人的动力目标（人生目标，长期、中期、短期目标等）。有了动力目标，工作中就会充满动力，朝着自己设定的方向稳步前进。

如果在此时或者在今后的几年中，发现自己所从事的工作与人生的理想和目标并不一致，则需要深入分析，并制定改进措施。这时，可以把自己所做的工作，作为在所处环境中的短期目标来实施，并逐渐过渡到自己的人生目标的轨道上（如本章第 3 节中所述）。如果分析后，你发现自己所从事的工作即使是作为短期目标也无法继续下去，与你的人生目标完全不符，则应该尽快调整到与你的人生目标和长期目标相符的工作中来。当然，也有可能是你设定的动力目标需要调整，才能使你在人生道路上不断进取。这些都会因人而异，因客观条件而异。对大部分人而言，在大学毕业后并开始工作的头几年是人生目标的探索和确定阶段，因此，要不断认识自己的特点，用SWIFA法来确定和调整自己的动力目标，使其能够最大限度地激发自己蕴藏的潜力。

成年时期

成年是实施个人动力目标的重要阶段。成年人基本上已经确定了个人动力目标，并在踏踏实实地实施着。这时，就要在日常生活中制订你的行动计划——即时目标，并按时完成它们。完成这些行动计划是实现短期目标的基础，是通向中期和长期目标的重要途径。你所确定的动力目标要有一定的高度，能够引领自己不断进步，朝着人生目标稳步前进。为了达到这一目的，短期目标应该包括以下内容：更新知识、积累经验、提高专业技能、培养解决问题的能力、培养团队合作能力和领导能力、形成良好的人际关系等。

当工作了一段时间后（可能是几年或十几年），就需要修改你的人生目标了。一种情况是，在已经取得一定成绩，达到一些动力目标后，你可能意识到，原来设定的人生目标并没有使你发挥出全部潜能，你还可以做更多的事情。这时，你可以把想做的事情添加到你的人生目标中。另一种情况则是，在朝着动力目标前进的过程中，你发现自己根本无法达到这一目标。其中的原因，可能是你以前制定的目标没有结合你的特长和愿望，也可能是客观环境的改变，使这一目标变得难以实现。在这种情况下，就应该修改原来制定的动力目标，使其变得切实可行。你应该根据需要和客观条件，用SWIFA法作全面分析后，再修改你的动力目标。当客观条件的变化导致原定目标无法实现时，没有必要死拼。任何情况下，安全永远是排在第一位的。比如，当失去双足的夏伯渝在距离珠穆朗玛峰峰顶只有94米时，因恶劣的天气条件而作出下撤的决定，又何尝不是明智而正确的呢？

中老年时期

经过多年的奋斗，中老年人在事业上已取得了一定的成绩，可能在做管理方面的工作或负责专业技术方面的工作。此时，他在事业上的发展已大致定型了。但他依然可以为自己设定新的动力目标或调整原有的动力目标，使自己能够取得更多的成绩。

马可·波罗是众所周知的历史人物，因为他出版了《马可·波罗游记》。他的游记让欧洲人了解中亚和中国大陆。马可·波罗与玄奘大师都有在异国他乡度过 17 年的相似经历，但两者有很大的不同。从已有的资料来看，马可·波罗的中国之行，并没有像玄奘大师那样，在行动之前就有了明确的目标——要带回什么物品等。虽然当马可·波罗结束了 17 年的亚洲之旅返回家乡时，并没有随身携带很有价值的物品，然而，印在其脑海里的所见所闻和学到的知识是其最宝贵的财富。马可并没有象玄奘法师那样有要翻译带回来的经书的人生目标并采取行动，而《马可·波罗游记》的问世也出于偶然。

1271 年，马可·波罗的父亲和叔父第二次去中国时，带上了 17 岁的他。马可·波罗在中国居住了 17 年，去过中国很多地方，接触到许多比欧洲先进的文化。1292 年，马可·波罗和父亲、叔叔离开了中国。他们一家人回到欧洲后，定居威尼斯，依然过着平民百姓的生活。而且他们并没有计划把自己在中国的经历写成传记出版，他们的旅行经历只是作为记忆留在了脑海里。

1298 年，马可·波罗参加威尼斯与热那亚之间的海战时，战败被俘，被关在监狱里。因为在狱中闲着无事可做，他就给狱友们讲述他在中国的所见所闻。精彩的故事使他受到了与其他战俘不同的优待，被单独关押并且有小灶待遇。后来，监狱还为他配备了一位擅长写作的战俘鲁斯蒂谦。这样，在监狱里，马可·波罗口述其旅行经历，鲁斯蒂谦执笔，两人合作写出了《马可·波罗游记》。

假如没有那场战争，假如马可·波罗没有应征参战，或者没有成为战俘，可能就不会有这部巨著的问世，因为在回到意大利后，马可·波罗从来没有要把他在中国的经历写书出版的计划。是那场战争以及其意外地成为战俘的狱中生活，使他成为举世闻名的英雄人物。

每个中老年人都拥有独特的知识和经历。把自己的知识、经历和智慧与世人分享，可以成为中老年人制定人生目标时要考虑的重要内容。实际上，任何人都应该把自己独特的观点、知识、经历等以不同的方式与他人交流、分享。

中老年人在工作中的另一个特点是身居要职，还有可能大权在握。在法制不健全的社会环境中，他们有不少机会利用职权贪赃枉法。而设立正确的个人质量方针和人生目标不仅可以促使他们朝着正确的人生方向不断前进，也可以阻止他们涉足腐败，误入歧途。

对那些有权有势的中老年人来说，应该用 SWIFA 法来分析自己，确定正确的人生目标。在用 SWIFA 法分析的过程中，要把所有可能由职务之便而带来的腐败和非法交易的行为一一列在自己的弱项（W）表中。然后，再来思考，是要以自己的能力和勤奋工作来获得应有的报酬，过着小康富有但真正高尚的生活，还是要利用职务之便和手中的权力贪赃枉法，从事肮脏的交易，最后去狱中服刑？相信经过分析思考，有点智力的人都能正确地作出选择，并确定正确的人生目标。另外，还应该把可能出现的非法行为列在自己的回避项（A）中，告诫自己什么是不该做的，什么是不能做的，让警钟长鸣，帮助自己时时把握人生的方向，避免误入歧途。

　　每个人的人生是由自己管理的，而且每个人都应该对自己的人生加以管理。建立个人质量方针可以帮助自己把握人生的方向，优化人生。设定人生目标是管理人生的重要一步。通过对人生观和价值观的思考，并采用本书介绍的 SWIFA 法，可以设定适合自己的人生目标。同时把需要警告自己的事项列于"回避项"中，作为警钟长鸣。这样就为自己设定了人生的行动指南，帮助自己时时遵循行为规范。

职业发展的不同阶段

　　美国的职业生涯规划大师萨柏发表过著名的职业规划理论，将职业发展时期分为 5 个不同的阶段。

成长阶段。该阶段从出生至 14 岁。在这一阶段，个人的自我意识逐渐发展成熟起来。成长阶段又可分为空想期、兴趣期和能力期 3 个小的阶段。

探索阶段。该阶段从 15 岁至 24 岁。个人在学校生活与闲暇活动中研究自我，并进行职业上的探索。探索阶段是人生道路上非常重要的转变时期，它可以分为暂定期、过渡期和试行期。

确立阶段。该阶段从 25 岁至 44 岁。进入职场中的人发现真正适合自己的领域，并试图使其成为自己的永久职业。这一阶段又可分为试行期和稳定期。

维持阶段。该阶段从 45 岁至 64 岁。在这一阶段，人们主要是要保住现有的职位，按既定方向工作。极少数人会冒险探索新领域，寻求新的发展。

下降阶段。该阶段为 65 岁以后，是精力、体力减退时期，也是人们逐步退出职业领域的时期。

从萨柏的生涯彩虹图（图 4.1）来看，人一生的巅峰时期是在 45 岁左右。过了 45 岁以后，就进入维持阶段和下降阶段，难以再创辉煌。萨柏在其理论中论述的职业战略规划与本书探讨的人生战略规划并不完全相同。职业规划仅限于职业和工作领域，而人生规划则面对整个人生。职业规划是人生规划的重要组成部分，但不是全部。在萨柏的职业规划理论中，没有考虑具有天赋或抱有远大理想的少年儿童，在其少儿时期已经确定人生目标并开始为实现它而奋斗，即已经作出了人生规划。另外，对年纪稍大者而言，萨柏的职业战略规划理论则过于悲观，认为 45 岁时，一个人的事业就达到了顶峰，以后只能处在维持或下降阶段。事实上，45 岁以后是人们发挥能量的重要阶段，是之前所积累的知识、经验、智慧和能力大有用武之地的时期。因此，把 45 岁作为人的事业顶峰，未免会限制人的潜力发挥。

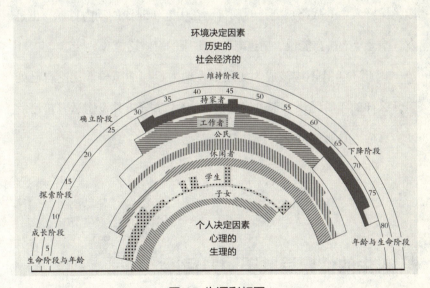

图 4.1 生涯彩虹图

在本书的著者看来，65 岁倒是可以作为人的事业顶峰。65 岁以后，虽然人们的职业生涯可能已结束，但是人生的目标还在继续。正如本节前面所述，中老年人应该把自己所具有的知识和智慧总结出来，与世人分享。一个活生生的例子是"92岁的正能量姑娘"菲利斯·苏斯。她在70岁时，成了作曲家并开始学习意大利语和法语；80岁开始学跳探戈；85岁时开始练习瑜伽，并且在90多岁时所做的瑜伽动作的水平一般年轻人都达不到。所以，45岁或者65岁以后，甚至是更高的年龄，人们依然可以得心应手地从事着自己喜爱的活动，取得以前未曾有过的成绩。而且，这是使人长寿的重要方法。每个人都有某种潜能来做成自己想要做的事情，关键是要清楚地知道自己想要做什么，然后才能全身心地投入，充分发挥出潜能，做成这件事情。所以，作好人生的战略规划，明确自己在中老年时段的动力目标，也是发挥中老年人潜在能量、增进老年人健康的有效措施。

因此，年龄不应该成为实现个人动力目标的障碍。无论自己处于什么样的年龄时段，都可以通过SWIFA法分析并设定适合自己的动力目标，并通过自身的努力实现它。

▼ 人生的健康受益于动力目标

设定个人目标除了能够帮助个人规划未来，追求成功的事业和卓越的人生外，据许多资料报道，它还可以使人更加健康长寿。

心理学家认为，具有人生目标很可能是长寿的秘诀，因为生活过得充实的人要比无所事事的人更长寿。专家透露，心理状况和生理息息相关并互相影响。心理治疗师埃里克·麦瑟尔博士提到，一个人如果无法设定其人生目标、没能按他的价值观和原则生活，那么他很可能会在心理和精神上感到沮丧和焦虑，甚至为了填补空虚而染上恶习，而负面情绪和不良的生活习惯都有害健康。

加拿大的研究员帕特里克·希尔在研究中发现，那些有人生目标、活得有意义的成年人"健在"的概率比毫无人生目标的成年人高。他认为，找出人生的方向，并设定要达到的总目标，可以帮助人长寿。而越早地定出正确的人生方向，防止老龄化的效果就会越佳。帕特里克这项研究采访了美国约 6000 名 20—75 岁的人，并问及他们有无生活目标、人际关系如何以及情绪的正负等。14 年后，他发现 9% 已经死亡的采访者多数是缺少生活目标和时常有负面情绪的人。帕特里克认为，拥有人生目标对老年人起到的保护作用可能更胜于年轻人。他表示，离开工作场合后的老年人，由于失去工作，意味着他们也失去了管理日常活动的动力，此时他们会更需要指引生活的方向。帕特里克补充，设定生活目标当然也对年轻人的健康有益处。

这项研究首次显示了人生目标和寿命之间的关联。无论是否退休，拥有什么样的社会关系和福利，在不同的条件下，身体的健康都会与是否设定了人生目标相关。帕特里克的这一发现表明，人生目标似乎可以延长寿命与有益身心健康。

美国《中风》杂志刊登的一项研究发现，生活目标感很强的老年人，其大脑组织损伤的可能性会更小。美国芝加哥拉什大学医学中心老年痴呆症研究中心行为科学博士、副教授帕特里夏·鲍伊尔及其同事对453名平均84岁的参试者进行了尸检分析。这些参试老人均为"拉什记忆与衰老研究项目"的参试者，生前每年接受体检和心理评估。这些老人平均离世年龄为90岁。研究开始时，没有参试者确诊患有老年痴呆症。尸检结果显示，生活目标感强的参试者，大脑梗死率比其他参试者少44%。研究人员调节了血压、身体活动、抑郁和糖尿病等血管疾病的风险因素之后，生活目标与大脑健康之间的关联性依然成立。鲍伊尔博士表示，这项新研究结果表明，生活有目标等积极心理因素正日益成为大脑健康的一大决定性因素。每个人的生活目标不同，目标越明确，越可能让自己充满活力。做志愿工作、学习新东西、参加各种团体活动等，都会带来包括健脑在内的丰厚健康回报。

研究表明，"目标感很强"对健康有益。因为生活中是否有追求，决定了一个人的心态，进而决定其生理状况。英国科学家在40—90岁的人群里做了一个7年的追踪调查，结果发现：没有明确生活目标的病死或自杀的人数，比有明确生活目标的足足高了1倍；患心脑血管疾病的人数，也多了1倍。

再则，医学早就发现，人退休后，因人生目标突然消失，身体健康和精神健康状况均会急剧下降。原因是，如果你没有目标，死亡便成了唯一的"目标"，那么隐藏在你潜意识里的自毁机制就会悄然启动，让你的身体每况愈下。如果有目标，你就会有积极的心态，努力去寻找实现目标的途径，就会勤于用脑。科学家发现，勤于思考的人的脑血管经常处于舒展状态，从而滋养了脑细胞，使大脑不过早衰老。

许多自杀者在经历了一些挫折（甚至是被别人恶作剧）后便选择了自杀，就是因为他没有其他的人生目标，所以死亡就自然地成为他的下一个目标。如果这些人时常为自己设定远大的人生目标，并且有后备目标，当遇到挫折或者原有的目标未能实现时，仍然会朝着远大的目标或后备目标继续走下去的话，就不会轻易地结束自己宝贵的生命。

科学家还发现，大脑活动时，总是把较多的葡萄糖送到脑中最需要的地方。在安静时，和青年人相比，老年人脑内葡萄糖利用率较低；一旦用起脑来，老年人大脑最活跃的地方所获得的葡萄糖并不低于青年人。所以，用脑可促进脑的新陈代谢，延缓衰老。另外，目标可以激发生命活力，战胜疾病，是名副其实的"动力目标"。有报道称，墨西哥一位老人患了癌症，来日无多。但当他的儿子儿媳出车祸去世之后，他的病突然好了，因为老人有了新的生活动力、新的目标，那就是将他无依无靠的孙子抚养成人。

另外，目标实现了，会让人感到非常快乐。诺贝尔奖得主们之所以长寿，有个原因就是，功成名就、获得社会认可，为他们的身心带来了巨大愉悦。在任何时候，当你的目标得以实现时，应该为此感到骄傲并奖赏自己。

从上述资料中不难得出结论：具有人生目标，可以延长人的寿命，为自己带来更多的益处。多米尼加大学所做的一项研究表明，写下来的个人目标更能够促使人去实现它。

因此，每个人应该明白一条真理：任何人都具有巨大的潜力去做成自己想做的事。重要的是如何来发掘自身的潜力，确定自己想要做成的事情，想要实现的理想。然后，为实现自己的理想和目标而全力以赴，不懈努力。

当已经失去了双足 40 余年的中国登山家夏伯渝以 66 岁的年龄登上了 8754 米的珠穆朗玛峰、实现其多年的梦想时，就向世人证明了，人是具有内在的潜力来做成自己想要做的事情，实现自己的梦想的。只要有足够的信心和毅力，缺陷并不会阻碍一个人实现其理想、完成其目标。

第 **5** 章

成功
离不开勤奋和努力

CHAPTER 5

"人民对美好生活的向往，就是我们的奋斗目标！"

这是一个非常清晰的国家领导者的目标。一个国家欲快速地发展，需要有发展目标和规划；一个公司或组织欲发展壮大，也需要有发展目标；一个人欲使自己发展得更好，有光辉灿烂的明天，实现自己的人生梦，就需要制定发展目标，以便为自己提供前进的动力。

在上一章，我们已经了解到设定个人动力目标时所应该考虑的几个重要方面。在本章中，我们将讨论怎样设定个人动力目标，更重要的是如何来实现所设定的动力目标。

个人动力目标从时间上来看，可分为短期、中期、长期和人生目标等。从内容上分，可以分为以下 3 种：

个人目标：为自己的人生设定的目标。
家庭目标：为自己的家庭，包括家庭的成员在内而设定的目标。
职业目标：为自己设定的、与职业或工作有关的目标。

本书的宗旨是运用个人质量管理体系来帮助人们变得更加优秀，所以会重点讨论个人动力目标的设定。

▉ 怎样设定个人动力目标

人生规划是一个人设定一条人生途径来实现自己的人生梦想。为了便于度量这个梦想，可以把人生梦想转换成为人生目标，这样就把梦想变得可以度量了。人生梦想或目标应该是远大的、有意义的且可以分阶段来完成的。只有通过自己长期不懈的努力，在不同的时段实现设定的目标，才能最后实现自己的人生目标。在上一章中已经提到，个人动力目标应该包括以下几个方面：

人生目标。人生目标与人生观和价值观密切相连，就是在一生中想要做成的事情，想要实现的理想。每个人都可以根据自己的理想来设定人生目标：今生今世，你想成为什么样的人、想做什么事情或工作、想过什么样的生活、想取得什么成就以及想成为哪一方面的佼佼者，等等。

人生的目标须是远大的，需经过不懈的努力才能实现。最初制定的人生目标不必太细致，只需有大的框架，为未来的人生指明方向即可。有了明确的人生目标，就给自己的行动提供了动力和指南，可以规范自己的行动，朝着设定的目标稳步前进，而不至于终日无所事事，不知所为，或在其他诱惑之下，迷失方向而误入歧途。

长期目标。即为了完成设定的人生目标而制定的不同时期所要达到的目标。长期目标应该是今后 6—15 年的规划。即今后这些年，你希望自己成为什么样的人、做成什么样的事、取得哪些成绩等。

中期目标。即为实现长期目标而制定的具体目标。中期目标可以制定 2—5 年内的目标与要完成的任务。这是将长期目标分阶段实施，在 2—5 年内计划要取得哪些成绩。

短期目标。即为实现中期目标而制定的更详尽的目标。它有很大的随机性，需要考虑客观条件。短期目标是作 1 个月至 2 年以内的规划，详细地规划近期要完成的任务，要实现的目标。短期目标在内容上要比其他目标都具体得多。

除了制定上述的各种目标外，还要制定相应的实施方案来实现这些目标，即实现这些目标的途径。具体的实施方案或途径因人生目标的不同而不尽相同，无法在此书中详述。本书下几节论述的有关个人能力的培养和提高，就是有关实现个人目标途径方面的内容。

实施动力目标时；还有一个更重要的组成部分：为完成目标而制订和实施的个人行动计划。行动计划是为了完成自己设定的目标而做的具体的工作、事宜等。如果没有具体可行的行动计划，没有踏踏实实的努力工作，也就无法完成应该完成的任务。那么，你所制定的动力目标也只能是纸上谈兵。

目标 – 途径 – 行动是一个人通往成功的 3 大要素，缺一不可。因此，个人人生规划的制定和完成需要包括以下 3 个部分：

★ 设定动力目标，包括人生目标、长期目标、中期目标和短期目标。

★ 确定实现这些目标的具体的途径和方法，并由此来制定相应的实施方案，如个人竞争能力的培养，学位或证书的获得，等等。

★ 实施每周、每日的行动计划，有效地完成一项项具体的任务。

在制定个人动力目标时，要从最远大的人生目标开始，逐一向下。即要根据人生目标设定长期目标，根据长期目标来设定中期目标，根据中期目标设定短期目标，再根据短期目标来确定每周和每天的具体行动和要完成的任务。而在实现动力目标时，是要由下而上来执行的。必须每天、每周持续完成所制订的各个行动计划。经过一段时间后，某些短期目标将得以完成；再经过一段时间，更多短期计划的完成，使得中期目标得以实现；多个中期计划的完成，使得长期目标得以实现；长期目标的实现，为人生目标的实现奠定了基础。最终，一个人的人生理想就实现了。

例如，一个在读的医学院本科生设定的人生目标是成为一位名医，用自己的知识和技能治病救人，同时也给自己带来相应的收入；在学术上有所贡献，并且要写书出版，将自己的成果和智慧与世人分享。

为了实现这一人生目标，他制定的相应目标由远而近是：

他的长期目标：成为一位大医院的主任医生 ← 发表高质量的优秀论文 ← 成为一名大医院的医生。

他的中期目标：获得医学博士学位并拿到医生执照 ← 完成博士科研论文 ← 考入名牌大学的医学院读研究生。

他的短期目标：圆满完成本科学位 ← 以优秀成绩学好所修的课程 ← 根据今后科研方向的需要，选择好所修的课程。

他的实现目标的途径：通过接受高等教育及在校的科研工作，获得相应的专业知识；通过努力学习来获得好成绩并拿到期望的学位；通过勤奋工作来获得更精深的专业知识并提高学术水平，在相应的专业领域中取得可观的成就。

他的每周和每日的行动计划：学好每天课堂上讲授的课程，完成每天的作业，做好实验，写好实验报告，掌握所有应该掌握的知识，圆满完成学业，并挤出时间锻炼好身体，等等。

这样一来，他就把自己每天日常生活中的行动计划，与自己远大的人生目标联系在一起了。短期、中期和长期目标都是为实现人生目标打下基础，创造好条件。

所以，目标、途径和行动计划三者构成了一个统一体，来帮助个人取得成功。

▌ 生存依赖于个人竞争力

从前面的讨论不难看出，为了实现个人梦想，除了需要设定动力目标，还需要知道怎样来实现这些目标，并规划出一条途径使自己能够逐步提高和掌握完成人生目标所需要具备的能力，从而有能力来实现这一目标。相关能力的提高是实现个人目标的重要条件。一个人一生中有很大一部分时间是用来培养和提高个人的能力。这也是人生规划的核心内容。因此，人生规划与培养和提高实现个人目标所需要的能力（即制定实现目标的途径）是密不可分的。

每个人在世上都是以变相地销售或付出某些属于自己的东西来生存的。例如，医生靠为人治病，工程师靠制造产品，教师靠传授知识，演员靠扮演角色，运动员靠运动比赛，普通的操作工靠付出的时间和掌握的操作技能来谋生。而每个人所获得的报酬除了取决于其付出的工作时间外，更取决于其能力。技能高的人获得的报酬就高，如工程师、教授、医生等；技能低的人获得的报酬就低，如快餐店的服务生。即使是付出相同的劳动时间，技能高者与技能低者之间的薪酬仍存在很大的差别。这似乎不太公平，但实际上也很公平。资深的工程师、医生、教授等都花费了许多时间学习相关的知识，才掌握了某一技能，能作出较大贡献；而快餐店的年轻服务生或许还没有真正开始其职业生涯，还未掌握专业的技能。当然，只要努力，这些年轻人同样可以在未来掌握高水平的技能，从事高薪酬的工作。

由此可见，一个人的能力或竞争力是其在世上赖以生存之本。如何提高从事某项工作的技能，提高个人的能力或竞争力，是人生规划中的重要内容。竞争力是指在与竞争对手相比时，自己具有的能力或优越之处。核心竞争力是个人竞争力中的最核心的部分。个人的竞争力或核心竞争力的具体内容取决于所从事的行业、专业、职务等。不同的行业或不同职位对个人工作能力都有不同的要求，可以根据个人所在的（或所感兴趣的）行业和职务，了解该行业该职位对个人竞争力的要求。职位招聘广告中通常都会列出从事某一工作的能力的要求，通常包括专业、学历、工作经验和技能等。

在没有确定人生目标之前，可以用本书前面讲述的 SWIFA 法作全面分析，来选定最适合于自己的人生目标和所要从事的行业和职

业。当已经确定或已经开始从事某一行业和职业的工作，那么，如
何提高个人在这一行业的工作能力或竞争力，即制定实现动力目标
的途径，则成了人生规划的重要内容。

个人竞争能力的获得途径

个人的竞争能力可通过以下几种途径和方法来获得和提高：

知识。 在绝大多数领域里，知识是个人竞争力中最不可缺少
的组成部分。即使在某些特殊领域，如文艺或体育等领域，技能更
为重要，但一定的知识仍然是个人竞争力中不可缺少的部分。知识
就是力量。一个人的专业知识为其提供了强大的竞争力。接受教育
是获得知识的最有效的途径。人们从童年到青年的大部分时间，几
乎都是在接受教育，丰富自己的知识。但这段时间所获得的大部分
知识都是基础知识，专业方面的知识是在大学后期才开始获得。获
得知识的途径，除了接受正规的教育及拿到学位外，还有职业教
育、专科教育和自学成才等。现在，通过网上搜索知识、阅读相关
参考资料等获得知识的途径变得越来越普及和重要。知识也可以从
实践中获得。大学毕业前的实习，参加工作后的实践都是积累知识
的重要过程。

实践经验。 实践和知识同样重要。在很大程度上，社会实践决

定了一个人的能力。书本上无法得到的知识，可以从实践中获得。同时，实践也是学习、运用和验证知识的重要途径。所以，大学生在毕业前都会被要求做一段时间的实习生，以获得实践经验。也有观点认为，实践经验比知识更为重要。没有经验，永远不会有真正的知识。一个人的知识可能会使他认为自己已掌握了某方面的知识，但只有实践经验才会让他真正掌握这方面的知识。有科学研究发现，人一生的工作所需的知识，90% 是在工作后获得的。

对于新开创的领域，由于还没有人总结出相应的知识，实践经验就成了这一领域的知识和能力的唯一来源。爱因斯坦说过："知识的唯一来源是实践经验。"这对开创新领域的人而言是千真万确的。因为新的领域还处于有待开发的空白阶段，还没有已经积累的知识，只有通过实践才能总结出知识。这与中国古代的"格物致知"的观点有相类似的含义，"推究事物的原理法则而总结为理性知识"。从实践中获得新的知识时，需要把实践中获得的结果加以分析、归纳和推理；把实践中的数据归纳成信息后，再分析推理而得出知识，然后可以进一步升华为个人的智慧并加以应用。

在新的领域里，总结出人们还未知的东西或知识，就是独创性或创造力。创造力是较为受人赞赏的竞争力。人类的进步和发展离不开创造力。而创造力与个人的知识、经验及独特的、创造性的思维密不可分。

职业技能。它是指能够完成某种职业的工作任务的技术性能力。

技能通常是指运用所具有的知识，自主完成某些任务的能力，通常与工作者的资历有关。缺乏技能的工作者不容易完成相关的任务。技能按其熟练程度可分为初级技能和技巧性技能。初级技能只表示"会做"某件事，而未达到熟练的程度。提高技能的主要途径是培训和实践。具有初级技能的人，如果经过有目的、有组织的反复练习，动作就会趋向自动化，而获得技巧性技能。技能可分为技术类、管理类、人际互动类、企业类等。获取技能的方式有正式教育、训练、非正式学习及实践经验等。

智力。智力是指人们认识、理解客观事物并运用知识经验等解决问题的能力。智力包括多个方面，如观察力、记忆力、想象力、分析判断能力、思维能力、应变能力等。智力的高低通常用智力商数来表示。智力可被看作是个体各种认知能力的综合，它特别强调解决问题的能力、抽象思维能力、学习能力、对环境的适应能力等。智力既有先天的成分，也取决于后天的开发，知识和经验的积累等因素。智力是个人竞争力的重要组成部分，直接影响个人解决问题的能力。

职业能力倾向。所谓"能力倾向"，即构成某种知识、技能和一定行为模式的各种个人特质的状态组合。它是一种对不同职业的成功在不同程度上有所贡献的心理因素。职业能力倾向测试是通过一组科学编排的测试题，对一个人的语言能力、数学能力、空间判断能力、观察细节能力、书写能力、运动协调能力、动手能力、社会交往能力和组织管理能力等进行的综合测试。它是个人进行自我探索，明确自身能力特点的工具，也是企业招聘、选拔、培养各类人才的有用工具。

能力倾向测试是为了判定一个人能力倾向的有无和程度。因此，标准化的能力倾向测试，具有两种功能：判断一个人具有什么样的能力优势，即所谓的"诊断功能"；测定在所从事的工作中，成功和适应的可能性，包括发展的潜能，即所谓的"预测功能"。网上有很多做能力倾向免费测试的网站。测试软件会根据你的答案，总结出你的个性、知识、技能，指出你所感兴趣和竞争力所在的领域。了解你的能力倾向，可以帮助你选择适合自己的行业和职业，从而增加你做这项工作的竞争力。

态度。在某些事情上的成功与否，态度可以成为一个决定因素。对某件事情的态度反映了一个人对某件事的观点、主张、信仰、情绪、性格、言行举止和精神状态等，是这个人对某件事的思维和感觉的表现方式。所以在做某些事情前，一个人应该有正确的态度。这里就涉及人生目标设定中的理想或愿望。当一个人所做的事情与自己的理想或愿望相符合时，就会让他产生积极的态度。所以在条件容许的情况下，一个人应尽可能地从事自己喜爱的工作，才能更好地发挥个人的潜力。你可以把自己不愿意做，但又不得不做的事情列为个人的短期目标，把它当作完成自己的中期目标和长期目标的前期准备工作。这样，它就会与你所设定的人生目标保持一致。

▰ "硬"和"软"的互补

本书著者认为，个人能力或竞争力可以分为硬竞争力和软竞争力。其定义为，个人硬能力是指与专业技术水平相关的竞争力，包括专业知识、学历水平、工作经验、科研能力、新产品开发、制定程序、产品设计、领导能力、规划能力、组织能力、项目管理能力、公司或部门管理能力、快速高效完成工作的能力、解决问题的能力、团队管理能力、决策能力、沟通能力等有关的能力。软能力是指硬竞争力之外的能力，多指与自我修养以及人际关系相关的能力，包括人际关系的维护、正确的工作态度、个人文化素养、职业道德、廉政、谦和、善于沟通、善于倾听、易于接受他人观点、遵守承诺、有条有理、可信、时间管理、自我改进等。

对于一个成功人士，其核心竞争力应该包括硬竞争力和软竞争力，二者应该兼顾。有些工作需要硬能力多些，有些工作需要软能力多些，大多数工作都需要硬竞争力和软竞争力。美国作家戴尔·卡耐基认为："一个人事业的成功只有15%靠专业知识，另外85%主要靠人际关系和处世技能。"虽然他给出的15%靠专业知识和85%靠人际关系的比例不一定在所有场合都正确，但也由此可见人际关系的重要性。

硬能力和软能力哪个更重要？本书的著者认为，这在很大程度上取决于所做的工作的性质和所处企业的文化。当所做的工作是"任务导向"型的工作，或者企业文化是以满足客户为中心并追求高质量和高效率的工作结果时，硬竞争力会显得更为重要。例如，公司要开发新产品、建立新的体系、采用新技术或新加工工艺、建立新工厂或急需马上解决主要客户的重大产品质量投诉等，都是"任务导向"型的工作。这些工作需要尽快完成，必须要由具有足够硬能力的人才能胜任。这时具有相关硬能力的人就大有用武之地。而只具有软竞争能力的人，并没有真正的硬能力来胜任这样的"任务导向"型工作。但当公司处于平稳发展中，没有遇到任何挑战，只是维持正常生产，那么，公司的大部分工作就成了"关系导向"型的工作。因为这样的工作很多人都可以胜任，不需要特殊的硬能力，所以，在此时，软能力，特别是处理人际关系的能力就变得更为重要了。

高新技术企业、科学研究机构、新产品或新技术研制和开发部门的很多工作是"任务导向"型的工作。个人的硬能力，如专业知识、学历水平、科研能力、新产品开发能力、设计能力等显得更为重要。而一些历史比较悠久、没有创新、稳定生产固定产品的公司，软竞争能力则显得更为重要。大部分人都可以胜任这样的没有挑战性的工作，所以硬能力并没有太多的用武之地。有些公司在上新项目时，急需招聘在这方面具有硬能力的人才，来胜任这一"任务导向"型的工作。经过一段时间后，"任务导向"型的工作已经圆满完成，又回到了"关系导向"型的工作状态。此时，原来急需的硬能力就变得不再重要，而软能力和人际关系则变得更为重要。另外，工作的性质不同，对所需要的硬能力和软能力的要求也不同。

值得指出的是，硬能力与个人的智商联系较为密切，软能力则与个人的情商联系较为密切。另外，在上一章中讲述的 MBTI 的个人性格测试中曾提到：思考型的人重视事物之间的逻辑关系，喜欢通过客观分析作决定或评价；而情感型的人则以自己和他人的感受为重，将价值观作为判定标准。

思考型的人在硬竞争力上比较擅长，因为这类人非常追求实事求是，重视事物之间的逻辑关系，通过客观分析作决定或评价，作决定时不考虑与他人的人际关系。比如，史蒂夫·乔布斯就是一个典型的思考型的人。他关注的是新产品开发的科技原理，而非与其他同事的人际关系。虽然他与同事们相处得不是很融洽，并一度被迫离开了自己创办的苹果公司，但这并不妨碍他成为人类历史上最成功的企业家和科技创新者。与此相对应，情感型的人在软竞争力上比较擅长，因为这类人更注重他人的感受，情商比较高。

人的心理活动规律和性格类型是由人与生俱来的性格所决定的，不是轻而易举可以改变的。了解这一点，对于在公司从事人力资源工作的人非常重要。特别是人力资源部经理，在掌握员工的能力特点和所适应的工作类型后，就不应该要求那些有较强的软竞争力的情感型员工去完成"任务导向"型的工作，以避免其因不具备相应的硬能力而无法完成挑战性的工作。同时，也应该避免要求思考型的员工把精力放在人际关系上，而影响其硬能力的发挥。

在可能的情况下，每个人应该尽量使自己的竞争力同时包括硬能力和软能力。要做到十全十美，并非易事。有些因素是先天的性格所决定的。为了全面提高个人的竞争力，就要同时培养自己的硬能力和软能力，使自己变得尽可能地完美。在学校受教育期间，主要是学习知识，提高自己的硬能力；而软能力大多是在参加工作后获得的。此外，还要用上一章讲述的 SWIFA 法和 MBTI 测试来分析自己的特点，确定自己的核心竞争力。然后，根据自己的核心竞争力来确定自己适合做哪种工作。

卡耐基的"一个人事业的成功只有 15% 靠专业知识，另外 85% 主要靠人际关系和处世技能"的观点可能会误导年轻人。因为专业知识相对难以掌握，要花费很多的时间。但如果它在事业上成功的重要性上只占 15%，而人际关系并没有专业知识那样难学，却占了 85%，那么，可能就会有人认为，不如把精力放在人际关系上，学会了为人处世的方法，就有 85% 的成功希望。如果是这样，一些年轻人就会放弃钻研高深的专业知识，而把精力放在人际关系上。

至于一个人事业的成功是 85% 还是百分之多少靠人际关系和处

世技能，如前所述，这与其所选择的工作类型和工作职务有关。体育运动员无论有多么好的人际关系和处世技能，如果没有足够的硬能力是不可能获得世界冠军的。另外，没有足够的专业知识和技能，是无法胜任尖端领域的高薪酬、挑战性的工作的。所以年轻人，特别是学生，还是要把重心放在学习掌握知识和技能上，以提高个人的硬能力，有了过硬的专业知识作为个人核心竞争力，才可以保证自己未来的事业向高层次发展。个人的软能力（包括人际关系等）可以在参加工作后再学习掌握，在工作中逐渐培养。已经走向工作岗位的人员，在提高个人硬能力的同时，应该注重个人软能力的培养和提高。

▚ 个人的短期动力目标

个人的人生目标和长期目标都是很久以后才会实现的。人生目标要能够阐明个人理想和人生奋斗的方向，并为制定个人在其他阶段的动力目标起指导作用。相对于人生目标和长期目标而言，个人中期目标的内容需要更加详细一些。而个人短期目标则必须详细而全面，包括所有应该具备的内容，并要全力以赴地贯彻实施。

设定个人动力目标的目的是：目标确定了，可以避免或减少做无用功；帮助自己搞清楚自己所期望的是什么；提高效绩；目标导向下的行为会更有效率；提高成就感等。

设定短期目标时，除了需要考虑个人的中期、长期和人生目标外，还应该考虑所在环境下的客观需要。短期目标可以由许多目标组成。选择短期目标时还应该考虑：符合自己的需要、有挑战性、排列出优先次序、必须有现实性和适用性、结合工作目标、考虑关系、努力平衡、反映出个人的人生目标等。

个人的能力或竞争力是个人赖以生存之本，因此，短期目标应该包括增强个人能力或竞争力（包括硬竞争力和软竞争力）的内容。短期目标是一个人为自己设定的大致在 2 年内完成的目标。下面这些内容都可以列入一个人的短期目标中：

★阅读更多专业书籍。

★以优秀的成绩完成现在的学业，拿到学位。

★学习新技能。

★提高工作效率和准确性。

★及时完成所从事的工作。

★学会做更多的事情。

★增强个人的解决专业问题的能力。

★在工作中与同事和上司建立长久关系。

★提高个人领导能力。

★更好地管理自己的时间。

★发扬自身优点，相信自己，增强自信心。

★认识自身的缺点，克服成功的阻力。

★增强与他人的合作。

★善于与他人沟通，建立个人关系网。

★提高团队合作能力。

★争取升为主管。

★提升生活的品质。

★制订并实施一个日常锻炼计划。

★学习一项新的体育健身运动。

★参加一项娱乐活动，远离消极。

★健康饮食。

★访问家庭成员。

★设定财务目标，包括投资、退休计划等。

★为自己建立每月预算。

★着手考虑购房。

★从投资顾问处获得帮助。

★利用银行提供的任何服务，如支付账单。

★削减不必要的开支。

★消除可能的债务。

这些个人短期目标仅供参考。每个人应该结合自己的中期目标、长期目标和人生目标，结合自身客观条件，来决定自己在短期内要做的事情，设立短期目标。

一旦制定了自己要完成的短期目标，需要把选定的短期目标的内容进一步细化。其中应该包括具体的细节：在何时、何地、要做什么、怎样做、做的频率以及要达到什么效果等。

短期目标设定后，余下的是要全力以赴去实施，并且要在规定的时段内完成。个人短期目标的实现，离不开个人行动计划的实施和完成，这是下一节要讨论的内容。

▍有效地实施并完成个人行动计划

设定动力目标后，必须要有具体的行动计划并实施这一计划才能实现。如果没有具体的行动计划，设定的目标可能永远只是目标，而不会自动完成。没有行动的人生梦，只能是白日梦。一个人的能力提高和个人发展都离不开行动计划的实施。所以，有效地安排、实施并完成个人行动计划，是实现动力目标的基石。只有辛勤踏实地工作，高效准确地完成制定的行动计划，才会在人生道路上持续地前进。

　　个人行动计划就是要安排好自己每周、每日要做的事情，要完成的任务；就是有计划地安排自己在什么时间、什么地点、做什么事情；在所限定的时间内，要完成哪些任务。行动计划主要是由每周行动计划和每日行动计划组成。也可以制定简要的月行动计划，在每个月初把本月需要完成的主要任务列在月计划表上，并规定自己在本月内完成所列的任务。月计划只是一种提示，具体的完成时间和地点及工作内容应该在周计划或日计划中详细安排。

　　行动计划的制定、实施和检验应该采用"工作计划"或"行动手册"。行动计划分为两步：第一步，先列出要实施的行动并做好时间上的安排；第二步，按照时间表来实施并完成行动计划。周密的计划是圆满完成行动任务的必要保证。如要为自己创造一个美好的未来，就必须踏踏实实地做好每项计划的工作，完成每项任务。

　　周计划表是把本周的工作划分出具体的时间来完成。对于完成各项任务的时间估算应尽可能地准确；对重要的、已承诺的任务，要给予足够的时间，以免在完成任务的过程中被迫停止。周计划表要有弹性，以便有紧急情况发生时仍然可以做适当地调整。周计划表应该没有浪费的时间。即使是在每天的工作要结束之前，仍然不浪费任何时间，争分夺秒，提高效率。这样才能达到所设定的个人目标。周计划的重点在于具体、详细、数字化、切实可行。而且每周应提前（在周五下午或周末）做好下周的计划。

日行动计划是周行动计划的补充。日行动计划实际上就是下达每日的任务单。每天要做的事情都列于此任务单中；此任务单中的重要事项应该在当天完成。日行动计划可以写在个人的工作手册上，每天一页，标有日期，列出当天所要做的事情。对于有时间规定需要做完的事情，要在工作手册上排好时间。当然，也可以用卡片来列出每日行动计划，方便携带。

▶ 个人素质与成功要素

到此为止，你已经了解了为何要制定动力目标以及怎样制定动力目标。那么，是否只要制定了动力目标就可以保证自己在人生和事业上的成功呢？答案很明显：不是。

制定正确的人生目标是成功的起点。从本章的前几节不难看出，制定动力目标只是为个人的成功旅途指明了前进的方向。与此同等重要的是，要制定实现个人目标的途径，并制定周密可行的行动计划。

只有勤劳刻苦、踏踏实实地执行自己的行动计划，认真严谨、高效准确地完成设定的工作任务，才能为实现个人动力目标提供条件。

成功取决于诸多的因素，即诸多的因素可能都是成功的必要条件，但成功的充分条件是诸多因素在有利条件下合成的结果。关于这一点，可以简单地理解为"天时、地利、人和"是一场战役成功的充要条件。而不同目标的实现所需要的条件也不尽相同。例如，一个单人项目的运动员要想夺得世界冠军，其成功的要素应该包括个人天赋、刻苦训练、技能的提高、优秀的教练、必胜的信心等，而人际关系并不是其夺得世界冠军的主要因素。但在其他行业，特别是需要团队协作的领域，人际关系对一个人的成功和晋级可能就是至关重要的。

想要成功做成一件事，需要先了解做成这件事的必要因素，并据此来设定个人的长短期目标，并制定完成目标的途径，然后积极有效地实施个人行动计划。如果能够学习那些做成这件事的成功人士所经历的途径和采用的方法，作为对自己未来行动的指导，会有很大的帮助。

一般情况下，取得事业成功的必要因素包括以下几点：

人生目标和价值观。 人生目标和价值观是走向成功的起点。人生目标是建立在价值观的基础上的。没有目标的人生会是颓废的一生，错误的价值观会导致错误的人生目标，目标错误的一生也可能是灾难。选择适合于自己的正确的人生目标是个人成功的良好开端。

勤奋和思考。勤奋是一个人成功的基本要素。没有哪个懒懒散散的人能击败其他竞争者而取得成功。"书山有路勤为径，学海无涯苦作舟。"一个人如要成功，必须要勤劳刻苦，而且要充分学习和思考。个人每周和每日的行动计划的制定和高效地完成（见上一节），是成功必不可少的环节，也是勤奋这一素质的真实体现。创造性思考、勇于探索前人未开发过的新领域，是个人竞争力中独创力最为突出的组成部分。

才能加机遇。才能是个人竞争力的重要组成部分。在一个人的成长过程中，其中一个核心任务就是培养个人的才能和竞争力。机遇是影响个人成功的重要因素，特别是在20世纪六七十年代的中国，许多有才华的年轻人因没有合适的机遇而不能充分发挥其才华。在当今世界，有各种各样的机会和平台来展现个人才华。只要有才华，就不必担心没有展现才华的机会。除才华展现之外，其他方面个人的成功还是与机遇相关。

心态和人际关系。"态度决定一切"。在确定人生目标时，必须充分考虑个人的理想和兴趣爱好，即SWIFA法中的理想I。只有当你的人生目标符合你的人生理想和

兴趣爱好时，才能最大限度地发挥你的潜能。有了正确的
心态，如果心地善良，海纳百川，自然会有不错的人际关
系。良好的人际关系是取得成功的重要因素。

事实上，个人成功除了与以上几大方面的因素有关外，还与其
他许多细小的因素有关。以下几方面的因素影响着个人的能力或竞
争力，与个人事业的成功密切相关：

动力目标：充分发挥"思考－行动"精神、开发专业
技能、富有创造性、富有革新性、增强人际关系技能、喜
欢变化、为变得优秀而努力。

正确的态度：确立个人质量方针、具备强劲的价值观系
统、乐观、有理想、发挥出能量、考虑怎样成功、业绩驱动。

自我意识：自律、自控、自觉、自信、适应性、正确
地自我评估、积极主动。

沟通：用各种方法持续沟通、为相互理解和行动而交
换想法和观点、克服障碍、支持、消除冲突、解决矛盾、
做个有效的演讲者、做个积极的倾听者、运用激励。

承诺：显示忠诚、展现奉献精神、愿意服务、协作、
守信、具有良好的职业道德。

领导能力：用榜样和积极劝导来产生激励作用、以身

作则、个人魅力、起榜样作用、教练、形成团队管理风格。

　　组织：有重点、管理时间、设定目标、做计划、有效率且有效果、使事情有所进展、利用多样性。

　　问责：接受固有的责任、跟进、给予解答、表明责任、是可以信赖和依靠的、衡量成功、持续不断地自我改进。

　　对于一个专业人士，特别是管理人员，以上这些方面都需要有所考虑，并且在工作中体现出来。一个人应该在培养个人能力及制订短期目标时，充分考虑这些因素，克服弱点，使其变成自己的强项，从而使自己变得更加优秀。

第 **6** 章

从失败中找出
成功的方法

CHAPTER 6

在生活中，许多事情并不是一帆风顺的。前进的路上会有失败或挫折。每个人都会或多或少地犯有过错。关键在于如何对待自己所犯的过错，如何能够从所经历的失败中分析总结出经验并采取措施，从而避免再犯类似的过错，少走弯路。这是人们经常面临的问题。很多人没有从失败中总结出经验教训，因而继续重复以前已发生了的过错。有些人对所发生的失败认真分析出导致失败的原因，制定出了正确的纠正和预防方法并加以实施，然后避免了类似的错误再发生。因此，是否采用正确的方法来改正自己的过错并预防其再发生，关系到取得成功还是继续遭遇失败。

本章将介绍如何在生活中运用质量管理工具对所发生的失败和挫折进行分析，总结出导致失败的根本原因，然后制定出相应的纠正预防措施并加以实施，来改正自己的过错并防止其再次发生，从而能够使自己尽快地处于不败之地。

▶ 反常事故（失败）原因分析：鱼骨图法

做一件事，如果失败了，通常可分为两种情况：一种情况是，这件事还处于摸索阶段，对其运作程序或操作要领还不熟悉，因而导致不成功。这属于技术管理的范畴，还需要继续在技术上进一步研究探索，找出其最佳运行和操作程序。另一种情况是，在做这件事的过程中，在正常运行的情况下，突然遭遇了失败。这属于质量管理体系的范畴。这是因为这件事在正常运行的过程中，由于某个影响因素的变化没有得到控制，当这个因素的变化达到一定程度后，导致了失败的发生。那么，该如何从众多的影响因素中找出真正导致失败的因素，从而对其进行控制来防止失败的发生呢？质量管理工具中的鱼骨图（见图 6.1）法可以帮助我们作这方面的分析。

例如，某人在驾车时，由于自己的车碰到其他车而导致了交通事故。造成交通事故的责任在自己，但具体的原因不是很明了，难以断定。这时，就可以采用鱼骨图法来分析造成交通事故的原因，其步骤如下：

第 1 步：列出几个大的可能导致交通事故的原因，可称之为"一级可能原因"。经过初步分析，车辆失控的可能原因有：驾驶员、车的制动系统、车轮胎、车的转向平衡系统、环境等 5 个方面。

第 2 步：列出这几大方面的下一层级的所有可能原因，即此事故的"二级可能原因"，例如：

驾驶员方面的可能原因有：酒后驾驶、疲劳驾驶、精力不集中。

制动系统方面的可能原因有：刹车片磨损失灵、缺少刹车油、刹车装置松动。

轮胎方面的可能原因有：轮胎打滑、发生爆胎。

转向系统方面的可能原因有：转向系统失灵、校直系统失灵。

环境方面的可能原因有：路况差、天气条件导致的视觉差。

第 3 步：针对所列出的每个二级可能原因，进一步细化深层的原因，即找出此事故的"三级可能原因"，例如：

驾驶员→精力不集中→在使用手机

制动系统失灵→刹车片磨损耗尽→未做车辆的定期维护检查

车轮胎→轮胎打滑→路上有冰雪

转向系统→转向失灵→缺少转向液

环境→视觉差→有雾或雨

第 4 步：还可以进一步列出更深层次的可能原因，例如：

驾驶员 → 疲劳驾驶 → 睡眠不足 → 连续多日加班至半夜

车轮胎 → 轮胎打滑 → 路上有冰雪 → 未使用冬季轮胎

第 5 步：逐一分析所有列出的可能原因和深层原因，排除无关的、不符合实际情况的原因。当某些原因被已有证据明显否定时，就应该排除对它的进一步分析，而聚焦其余的可能原因，并对其进行深层次分析。根据发生交通事故时的具体状况，分析并逐一排除所有不符合事实的可能原因，最终得出导致此交通事故的真正原因。

第 6 步：分析得出导致交通事故的原因后，要制定纠正和预防措施，以免类似的事故再次发生。

例如，如果导致此交通事故的真正原因是自己长时间连续驾驶而产生的疲劳驾驶，那么，纠正和预防措施就是，规定自己每次的最长驾驶时间，达到这一时长后，必须休息一下才能重新驾驶。这样，就可以避免因自己的疲劳驾驶而导致的交通事故。如果导致这一交通事故的真正原因是车辆的刹车装置松动或刹车片磨损失灵，那么，纠正和预防措施则应该是，定期做车辆的安全检查和维护修理。

由上可见，鱼骨图法可用于分析理解问题的起因。它确定出问题或导致最终后果的很多可能的引发原因，再对各种可能的原因作深层分析，根据实际状况下的证据最终找到导致问题发生的真正原因。通常鱼骨图法的功能是识别所造成不良后果的因素 / 原因，以便采取纠正措施。反之亦然，鱼骨图法也可以用来确定能带来理想结果所需要的因素。

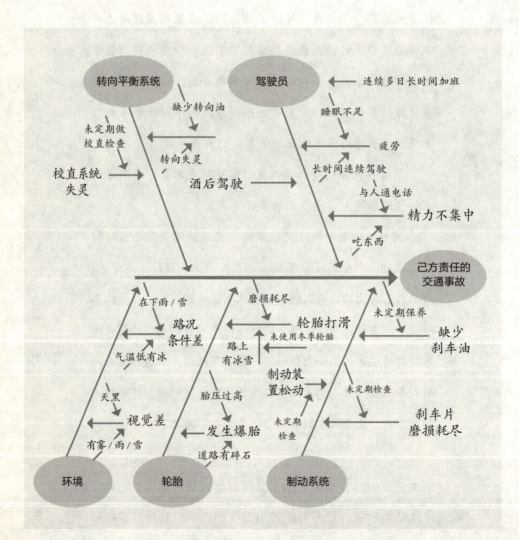

图 6.1 用鱼骨图法分析交通事故的产生原因

▶ 找出问题的根本原因：5W 法

5W (5Whys 的缩写，意为"5 个为什么")法是一个易于使用的、揭示问题根源的有效工具。人们在排除故障、解决问题时，会用到它。在某一事故或问题发生后，可以用 5Whys 法来分析导致此事故或问题的根本原因。其方法就是对问题发生的原因连续追问约 5 次"为什么"，直至最终找出导致问题的根本原因。有时，可能不用追问 5 次，导致问题发生的原因就已浮出水面；有时，也可能需要追问多于 5 次，才能找出根本原因。

用 5W 法进行原因分析的步骤如下：

★第 1 步，写下具体问题。写出问题可以帮助你提出问题，完整地描述问题。

★第 2 步，问为什么发生问题，并在问题的下面写出答案。

★第 3 步，如果你给出的答案并不是步骤 1 所提问题的根本原因，那么，继续问为什么，并写下答案。

★第 4 步，重复使用步骤 3，直到你认为已经找到问题的根本原因。

当问题的根本原因被找到后，一个适当的应对措施就应该浮出表面。应对措施是一个或一组动作，旨在防止问题再次发生。

例如，某员工最近的工作表现让他的上司很不满意，并且已经被上司找去谈话，要求改正。这时，他就可以用5W法来找出上司对他不满意的根本原因。

1W：为什么上司对他的工作表现不满意？

——因为他在周一早晨经常上班迟到，而且一天的工作效率都很低，无精打采。

2W：为什么他经常周一上班迟到，而且一天的工作效率都很低，无精打采？

——因为他周一早晨起床很困难，觉没有睡够。

3W：为什么周一早晨起床困难，觉睡不够？

——因为他周日的晚上难以入睡。

4W：为什么他周日晚上难以入睡？

——因为他周五和周六都是后半夜才入睡。

5W：为什么他周五和周六那么晚才睡？

——因为他周末晚上参加了很多娱乐活动，到后半夜两三点钟后才回家。

由此可见，他的上司对他工作表现不满意的根本原因是，他在周末晚上参加了较长时间的娱乐活动，导致周末都是很晚才入睡和很晚才起床，以至于缩短了周日晚上的正常睡眠时间，因而在周一早上难以起床，上班迟到，工作中无精打采。

找出产生问题的根本原因后，就可以找到相应的改进预防措施，解决这个问题。上面这个例子的改进预防措施应该是，减少周末夜间在外面的娱乐活动的时间，早点回家，每晚都按时入睡，保持正常的生物钟。这样，周日晚上就可以正常入睡，从而避免了周一早晨因睡眠不足而导致的上班迟到及工作无精打采的情况发生。

当所讨论的问题比较复杂，影响因素比较多时，还可以结合上一节讲到的鱼骨图法一起使用，来分析事故或问题发生时的状况，从众多可能的原因中找出根本原因。

▌ 有错必改：纠正措施见成效

前述的鱼骨图法和 5W 法都是用于找出问题的原因。找出产生问题的原因后，只是完成了解决问题的一小部分，真正解决问题的部分是要针对这个原因制定正确的纠正预防措施，并且加以实施，以彻底解决此类问题并预防它再次出现。通过检查采取措施后的效果，可以验证这一措施正确与否。如果采取措施后，问题已被杜绝而不再出现，则说明这个措施是正确而有效的；反之，则说明其不正确或不够有效，需要重新制定正确而有效的措施。如果未找到问题的根本原因，可能会导致措施无效。

任何情况下，当一个事故发生之后，都应该仔细分析产生事故的根本原因，然后制订正确的纠正计划并加以实施。这样才可以防止类似的事故再次发生。从下面的历史事件中，我们可以看出，制定和实施纠正措施的重要性。

在制定针对某一事故的纠正措施之前，必须对产生事故的原因及根本原因已经了如指掌。纠正措施实施后，还必须检查其效果。只有达到了预期的效果，才证明纠正措施是正确有效的。

1943 年 7 月 26 日，洛杉矶市笼罩在一层浅蓝色的浓雾之中。随处闻到的都是刺鼻的气味，这是因为大气中生成了某种含有有害化学物质的"烟雾"和"杀人灰尘"。这使洛杉矶出现烟雾不散的严重污染现象，成为美国最早陷入空气污染的"雾都"之一。洛杉矶采取了以下的一系列纠正预防措施。

1945 年：洛杉矶启动第一个空气污染控制程序。到1950 年，清洁且高效的大众电动公交系统取代了燃油公交车。

1952 年：一位加州理工学院的化学家阿里·哈根达斯·斯密特博士，发现了光化学烟雾的性质。他在洛杉矶发现高浓度的强氧化剂：臭氧。实验室研究揭示，光化学烟雾形成过程涉及碳氢化合物和氮氧化物。

1963 年：第一个联邦清洁空气法案界定了"空气质量"的标准。

1965 年：在洛杉矶开始了第一个可靠的臭氧测量。所测到的最高记录是 1 小时的平均臭氧浓度为 580 ppbv（指体积为总体积的十亿分之一。——编者注），这是极为危险的浓度。

1966 年：加利福尼亚州采用了针对一氧化碳和反应性碳氢化合物的汽车尾气排放标准。这让它成为制定空气质量控制标准的领军者。

1968 年：加州空气资源局启动在全州范围内减少空气污染的行动。

1970 年：美国环境保护局由国会批准为国家环境保护的决策者和监督者。

1971 年：首次定义了空气的质量标准，要求臭氧合格浓度标准为每小时 120 ppbv。

1975 年：用于氧化氮和一氧化碳的催化转换器得到了广泛使用。

1984 年：加州引入了烟雾检查项目。所有车辆定期尾气排放水平检查成为车辆登记的一部分。在以后的几年中，该方案又进行了细调。

1985 年：洛杉矶的最大的臭氧浓度达到 390 ppbv 的危险水平，而且在这一年，洛杉矶有 118 天的臭氧浓度超过了一级警报的门槛值。

2004 年：每年只有不到 30 天超过联邦臭氧合格浓度标准。

由此可见，纠正措施在社会发展和人类进步的过程中起着极其重要的作用。正是因为人们不断地实施与纠正措施相关的行动计划，才消除了一个又一个隐患，使质量管理体系更上一个台阶，使生活质量有所提高。

中国用了 30 多年的时间，走完了西方国家用近百年时间走过的经济发展道路，同时也带来了严重的环境污染问题。中国正在采取有效的措施治理和改善环境污染的问题。中国于 2013 年 6 月颁布了"大气污染防治行动计划"，于 2015 年 4 月颁布了"水污染防治行动计划"，于 2016 年 5 月颁布了"土壤污染防治行动计划"。这些都是针对中国的环境污染问题而采取的纠正预防措施。当然，在治理环境上，中国仍然有许多艰巨的工作要完成。

制定纠正措施，需要通过分析得出产生问题的根本原因。如果根本原因是技术方面的，则应该从技术上寻找解决方法；如果根本原因是人为因素造成的，则需要从管理、法制等方面加以纠正。

如果对出现的问题不加以纠正，将会导致更严重的后果。第 1 章第 5 节中讨论的哥伦比亚号航天飞机的灾难，就是因为对已经出现的泡沫脱落问题没有采取纠正措施，最终导致了这一重大灾难。

因此，一旦发现问题，必须马上采取纠正措施以避免问题进一步严重。比如，在冬季的北方驾车时，如果发现自己的车辆在有积雪的路上出现打滑时，就应该及时采取防滑措施。如果不采取任何措施，那么存在的问题就会越来越严重，很可能导致灾难。

◤ 防患于未然：预防措施不可忽视

与纠正措施相关的是预防措施。纠正措施是为消除已发生的事故或问题的产生原因所采取的措施。预防措施则是为消除还未发生，但是可能会发生的事故或问题的产生原因所采取的措施。或者说，采取纠正措施是为了改正已有的过错，而采取预防措施则是为了避免可能发生的过错。有时，纠正措施也是避免过错再发生的预防措施。

预防措施在两种情况下都可以使用。一种情况是，当事故或问题发生后，在制定纠正措施时，通常都会制定预防措施，以防止类似的问题再发生。预防措施可以是与纠正措施相同的措施，也可以是不同的措施，视具体情况来定。例如，一次汽车交通事故发生的原因是其中一个轮毂的刹车片全部磨损而使刹车失灵，导致车祸。相应的纠正和预防措施是把已经坏掉的刹车片和其他 3 个还没有坏掉的，但也已经磨损了的旧刹车片全部换掉。同时作出规定，汽车在装上新刹车片并行驶了一定的公里数后，必须更换或者汽车每隔一段时间就要做一次刹车片的检查，一旦发现磨损情况严重，就立即更换刹车片。

另一种情况是，事故或问题尚未发生，但是存在发生的危险。这时，也需要制定预防措施来杜绝事故或问题的发生。在这种情况下，可以借鉴已发生的类似事故的处理经验，来制定预防措施。 比如，2015 年 3 月 24 日，德国之翼航空公司的 4U9525 号班机由副驾驶单独驾驶该飞机并急速下降，撞到山体后坠毁，导致机上 150 名人员全部丧生。此次空难的真相揭晓后，全球许多其他航空公司都制定了新的规则：在飞行途中，不容许驾驶舱内只有一个飞行员来单独驾驶飞机。这就是从此次发生的空难中总结出的一个预防措施。

在本书第 3 章第 1 节中提到了有关患有 II 型糖尿病的患者所应该采取的措施，这些措施对糖尿病患者而言既是一种减缓病情的纠正措施，也是防止糖尿病进一步恶化的预防措施。对于还未患有糖尿病的人而言，这些措施是有效的预防措施。

　　近年来，电信诈骗犯罪活动在中国有上升的趋势。为了防止自己成为这种电信诈骗活动的受害者，人们可以为自己制定预防措施。其实，预防这类诈骗活动并不难。只要浏览一下媒体和互联网上的相关报道，就可以了解这些犯罪分子常用的诈骗手法，如冒充公检法部门工作人员，或冒充你的领导，或冒充黑社会，或通知你中了奖，或通知你已涉及某一违法行为等。

　　针对这些诈骗行为，可以采取的预防措施有：绝不能把自己银行账户的信息、密码或手机的密码、验证码等告诉任何人，不要打开陌生人发给你的邮件，更不能把钱汇给陌生人；对于在电话里和你谈论钱财的人，一律不予理睬。这样，就不会给诈骗者以可乘之机。但是如果你没有这样的预防措施，就可能会上当受骗，成为受害者。在现实中，正是因为许多人没有这样的防范意识或预防措施，才使得诈骗犯罪分子屡屡得手。由此可见，个人采取预防电信诈骗的措施是非常有必要的。这些预防措施可以避免个人在财物上的损失。

第 **7** 章

使自身变得
更加优秀

CHAPTER 7

　　人无完人，每个人都或多或少存在缺点和不足，都有需要改进和提高之处。上进的人总是希望能够发扬自身的优点，提高技能和竞争力，改正缺点以使自己变得更加完美。人的技能，包括工作中的专业技能和生活中的技能，都是可以通过培养来逐步提高的。为此，我们可以借鉴工业生产中采用的一些质量管理工具和方法，用来提高个人在某方面的能力和改正自身的缺点，帮助自己变得更加优秀。

▐ 用质量控制工具记录并分析信息：改进个人技能

　　如果你在做某件事情（或工作）时，技能不够高，经常出现差错；或者你的技能已经比较高，但还需提高以达到完美的程度，那么，在这些情况下，都可以用质量管理工具来帮助自己提高技能。首先，你要分析自身技能上存在的缺陷或不足是什么。为此，你可以用检查表法把你的失误或错误按类别记录下来。检查表是一张结构化的、用于收集和分析数据的表格。这样，可以让你基于事实做出决定。检查表中的数据可以输入数据分析软件中，如 Microsoft Excel，这样就可以对数据作进一步的分析。

　　这里以业余网球爱好者单打比赛技能为例，来说明怎样利用质量管理工具来分析自身技能上的不足，然后加以改进。同样的方法也可以用于个人提高其他方面的技能，包括在工作中需要用到的技能。

　　首先，用检查表记录下个人在某一时间段内的所有失误。例如，业余网球爱好者 A 在一场单打比赛中的失分情况记录如表 7.1 所示。

表7.1　业余网球爱好者选手 A 在单打比赛中的失分记录检查表

失分原因	失分次数	合计	次序
接发球	I I I I I , I I	7	5
接对方的网前调球	I I I I I , I I I I I , I I I I I	15	2
反手底线回球	I I I I I , I I I	8	4
正手边线回球	I I I I I , I I I I I , I I	12	3
双发失误	I I	2	7
反手边线回球	I I I I I , I I I I I , I I I I I , I I	17	1
正手底线回球	I I I I I	5	6

　　其次，把记录下来的差错按发生的次数为次序列在柏拉图 (见图 7.1) 中，则可以看出各种失分的相对严重程度。

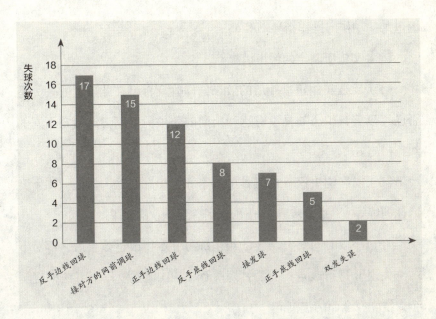

图 7.1 业余网球爱好者选手 A 单打比赛中失分统计柏拉图

　　然后，根据记录下来的失误信息，对每一个主要的失误逐一进行分析并采取纠正措施。首先分析发生次数最多的失误，找出其影响因素并确定其发生的根本原因，制订并实施行动计划，然后验证效果。分析方法如下：

　　（1）首先列出所有与失误 A 有关的原因。（在例子中是选手的反手边线回球）。逐一分析所有列出的原因，找出主要原因。必要时可以采用前述的鱼骨图法来分析。

　　（2）聚焦于主要的原因，用 5W 法来分析产生失误的根本原因。

　　（3）根据确定的根本原因，制定纠正和预防措施（如制定练习改进某一动作的操作指导书等）。

（4）实施所制定的纠正措施。

（5）验证实纠正措施后的效果，即验证自己在此项上的失分是否已经显著减少。如果没有达到预期的效果，可以尝试制定不同的纠正措施。

（6）对影响失误 A 的其他的各个原因（在此处为体能训练、灵活性训练等），重复步骤 2—5，直到达到满意的效果。

经过一段时间对失误 A 的纠正练习并取得改进效果后，再对下一个失误 B 进行改进；然后针对失误 C、D 等重复以上方法，直至个人技能有全面的提高。

对于技能较高的球类运动员或爱好者，可以针对对手来球的特点和威力作深入地分析，来更好地提高自己的技能。例如乒乓球爱好者在分析自己单打失分信息时，可以把对方的击球信息也记录下来，如与弧旋加快攻型的对手比赛时的失分记录情况，与防守削球型的对手比赛时的失分情况等。综合所有比赛的失分记录，可以绘制出个人常见的失分状况的柏拉图。然后，结合对方来球的特点，分析查找自己每种失分产生的根本原因，制定并实施相应的纠正措施。这样，就可以把对手的击球特征也考虑进来，以更好地纠正自己的失误，更全面有效地提高自己的技能。

上述的质量管理方法也可以用来分析即将与自己进行比赛的对手存在的缺陷，即把对手以前比赛失分的情况记录下来并列成柏拉图，从而知道对手最主要的比赛失分出现在哪种情况下。这样，就可以抓住要点，猛击对手要害，出奇制胜。

▌ 采用"七步解决问题"的方法：消除存在的问题

"七步解决问题"法在工业生产中被广泛用于解决产品质量问题。它有七个步骤，包括了多个上一章中已经讨论过的质量工具。具体的操作步骤是：

步骤1：选定所要解决的问题。明确是要解决什么问题。

步骤2：分析所收集的数据，列出所有可能的原因。使用质量管理工具收集有关此问题的数据，在进行数据分析的基础上列出所有可能的原因。

步骤3：分析并确定根本原因。分析证据，并确定最可能的原因。

步骤4：分析解决方案和制订纠正措施行动计划。针对最可能的原因，列出所有可能的解决方案，然后制订纠正措施行动计划，包括何时何地纠正、怎样纠正等。

步骤5：实施纠正行动计划。通过执行纠正行动计划来解决这个问题。

步骤6：评估纠正措施的效果。收集数据来评估执行纠正措施行动计划的效果，验证该问题是否已经得到解决。如果没有，选择不同的纠正措施（转到步骤4）。当针对当前确定的最可能的原因，采用了多种不同的纠正措施仍然没有解决问题时，可以转而考虑下一个较可能的根本原因，即针对下一个较可能的原因来制定纠正措施（转到步骤3）。重复这些步骤，直到问题得到解决。

步骤7：把此解决方案列入标准操作程序。当此问题已经得到解决时，根据所得的方法制定永久性的纠正和预防措施，并写入标准运作程序中，以防止此类问题再发生。

可见，"七步解决问题"法包括了上一章中介绍的质量工具。第1步是选择当前最重要并且是最需要解决的问题作为要攻克的难题；第2步是收集数据（可采用检查表、柏拉图等），对所得到的数据采用鱼骨图法分析出导致问题的真正原因；第3步可以用5W法找出产生问题的根本原因；第4到第6步用之前所述的纠正和预防措施，制定和实施解决方案，并验证其效果，直到此问题得到解决。

建立和实施个人质量管理体系的目的之一是提高自身的素质。每个人都存在着一定的缺点。如果能够改正这些缺点，同时增强自己的优点，将会使自己变得更加完美。"七步解决问题"法可以帮助我们来分析并改正自身存在的缺点。下面的例子是改正吸烟习惯的具体步骤：

1）选定所要解决的问题

——吸烟。

2）列出所有导致自己吸烟的可能原因

——无聊、不太了解吸烟对健康的危害、朋友见面聊天时增加聊天气氛并巩固友谊、可以帮助思考问题、吸烟的姿态似乎给人有气质的感觉、吸烟可以减轻自身压力。

3）找出最有可能的原因

——没有清楚地了解吸烟对个人健康的极大的危害及对生命的影响，而没有下决心改掉吸烟习惯。

4）制定可能的解决方案

可能的解决方案有：深入了解吸烟对健康的危害；把戒烟列入个人的短期目标来完成；避免进入或参与往常习惯吸烟的场所或活动，如到酒吧和参加宴会；避免与烟瘾很重的人在一起；餐后喝水、吃水果或散步，摆脱饭后一支烟的想法；丢掉所有的香烟、打火机、火柴和烟灰缸；两餐之间喝6—8杯水，促使尼古丁排出体外；每天洗温水浴，忍不住烟瘾时可立即淋浴；多吃维生素B含量高的食物；除掉尼古丁；要尽量避免吃家禽类食物、油炸食物、糖果和甜点；不喝刺激性饮料，改喝牛奶、果汁和谷类饮料；饭后到户外散步，做深呼吸15—30分钟；用钢笔或铅笔取代手持香烟的习惯动作；将大部分时间花在图书馆或其他不准抽烟的地方；饭后刷牙或漱口；穿干净没烟味的衣服；将不抽烟省下的钱给自己买一份礼物；培养有益于健康的运动习惯等。

纠正措施和行动计划：把戒烟列入个人的短期目标；丢掉所有的香烟和吸烟用具；两餐之间喝6—8杯水或果汁等饮料；饭后到户外散步；用钢笔或铅笔取代手持香烟的习惯动作；穿干净没烟味的衣服；培养有益于健康的运动习惯。

5）执行制订的纠正措施行动计划，完成每一个所要求的行动

6）验证实施的效果：两个月后，检验纠正措施的实施效果，看是否已经把烟戒掉。如果还没有戒掉，重复步骤3）、4）、5）和6），继续分析并采取其他的纠正行动计划，直至问题得到解决。例如，如果实施了纠正措施两个月后没有把烟戒掉，说明原来的纠正措施无效，可以把下一步的纠正措施和行动计划修改为：不可喝刺激性饮料，改喝牛奶、果汁和谷类饮料；饭后到户外散步，做深

呼吸 15—30 分钟；将大部分时间花在图书馆或其他不准抽烟的地方；饭后刷牙或漱口等。实施此行动计划，两个月后再检验纠正措施的效果。重复这种方法直至自己彻底把烟戒掉。

7）把此解决方案列入标准操作程序

如果改进措施已取得了满意的效果，把纠正措施中的相关内容列入个人日常行动中。

▼ "PDCA 循环法"：用于个人素质的持续改进

"PDCA 循环法"是由质量管理大师休哈特发明的一种质量管理方法，叫作休哈特环或戴明环。在质量管理中和持续改进过程中，PDCA 循环起着非常重要的作用，而它也完全适用于个人质量管理体系中的改进工作。一个 PDCA 循环有 4 个阶段：

P（计划）阶段。在分析现状和数据后，找出存在的问题，把解决这个问题作为首次 PDCA 循环的目标。分析产生这一问题的各种原因和影响因素，找到根本原因。针

对分析得出的根本原因，制定具体的改进措施。改进计划
要包括：在何处执行计划和措施 (Where)、什么时候执行
(When)、具体的执行内容 (What) 及怎样执行 (How) 等。

D (执行) 阶段。按照所制订的计划，完成计划中所
有的操作事宜。

C (检查) 阶段。检查计划的执行情况和实施效果。
采集计划实施后所取得的结果，并确定是否有了改进或依
然存在问题。

A (分析处理) 阶段。对实施的结果作分析，确定哪
些措施取得了预期的效果；哪些措施没有取得效果。从而
了解到，经过这个 PDCA 过程，哪些问题已经得到解决，
哪些还没有。将此次 PDCA 循环没有解决的问题作为遗留
问题转入下一次 PDCA 循环，同时为下一次循环的计划阶
段提供资料和依据。对成功的地方，将成功的经验制作成
标准化行动文件，把相关内容编入操作指导书等质量保证
文件中；对不成功的地方，也需要认真分析，避免再次发
生类似情况。未解决的问题，移至下一次 PDCA 循环中。
只有经过 A 阶段的分析、总结、处理，才能明确下一个
PDCA 过程的改进目标，更好地指导后续的工作。

PDCA 循环每进行一次，质量就提高一步。每一次循环，都解

决一些问题，质量水平就会上升到一个新的高度，从而让下一次的 PDCA 循环有了更新的内容和目标。这样循环往复，不断解决存在的问题，个人质量管理体系就会不断得到改进而日益变得完善。

下面举两个例子来说明怎样用 PDCA 循环法来做自我改进：

提高个人技能

喜欢做运动的人们（或从事某项其他活动或工作），可以用 PDCA 循环法来提高自己的运动技能（或其他技能）和水平。例如，乒乓球初学者在打球的技能方面有许多需要改进提高之处。这时，就可采用 PDCA 循环法来持续改进。具体步骤如下：

P（计划）阶段。首先分析自己所处的水平以及需要学习或改进之处。为自己制定出今后 3 个月内的改进目标，如正手抽球、反手推挡、接对方的旋转发球等。从网上找到相关动作指导的视频，记下动作要点。弄懂这 3 个方面的击球动作要领，由此制定出适合自己在这 3 个方面击球的动作指导书，包括动作细节，如在接对方什么样的来球时，应该是什么样的动作，脚怎样站立，手臂怎样挥动及身体怎样配合等。击球动作指导书可以来自网上，也可请

教水平高者，并根据其指教制定动作指导书。行动计划就
是执行动作指导书，反复练习以掌握正确的动作要领，同
时也包括练习的时间安排等。

D（执行）阶段。严格执行所制定的包括击球动作指
导书在内的行动计划。

C（检查）阶段。3个月后，检查行动计划实施后的
效果，看自己是否有了大幅提高，是否在这3个方面都取
得了预期的进步。

A（分析处理）阶段。通过分析比较后，如果对自
己在这3个方面的击球技能已经感到满意，则可以在下
一个PDCA循环中为自己制定其他的改进目标，如正手
拉弧旋球、反手抽球、接发球抢攻等。如果分析后发现
自己在某方面还不够完善，如在接发球时仍然失误较多，
那么，就要进一步分析问题的原因。如果是因为自己在
判断对方发球的旋转方向和程度上存在困难，则在下一
个PDCA循环的计划中，除了新的目标之外，还应该包
括增加自己在旋转球方面的知识，从对方的球拍和发球
动作形状来正确判断球的旋转方向等，由此来制定下一
个PDCA改进的计划并实施。完成新的PDCA改进措施
后，再制订另一个更高目标的PDCA行动计划，使自己
的球技持续不断地得以提高。

这就是采用 PDCA 质量管理工具来提高自己球技的方法。如果觉得在一个 PDCA 循环中，同时改进 3 个动作负担太重，可以在一个 PDCA 循环中只致力于一个或两个动作的改进。另外，一个 PDCA 循环周期的长短也可以根据自己的进展情况来决定。

改正自身缺点

用 PDCA 循环法也可以有效地改进自身存在的缺点，使自己变得更加优秀。方法大致如下：

P（计划）阶段。首先分析自身存在的缺点。把所有缺点依照严重程度依次排列在柏拉图中。图 7.2 为某人的缺点：吸烟；不吃早餐，晚餐暴食暴饮；不活动，不锻炼；有时过量饮酒；惰性大，不勤奋；情绪化；花太多时间在电子产品上等。在制定第一个 PDCA 循环时，其目标是改正其第一大缺点：吸烟。与上一节讨论过的内容相似，通过分析得出他吸烟的原因有：无聊、不太了解吸烟对健康的危害、朋友见面聊天时增加聊天气氛并巩固友谊、可以帮助思考问题、吸烟的姿态似乎给人有气质的感觉、吸烟可以减轻自身压力等。而真正的原因是他没有清楚地了解吸烟对个人健康的危害及对生命的影响，而没有下决心改掉吸烟的习惯。由此，他制订出的解决方案即行动计划是：把戒烟列入个人的短期目标、丢掉所有香烟和吸烟用具、两餐之间喝6—8杯水或饮料、吃水果、用钢笔或铅笔取代手持香烟的习惯动作、穿干净没烟味的衣服、培养有益于健康的运动习惯。

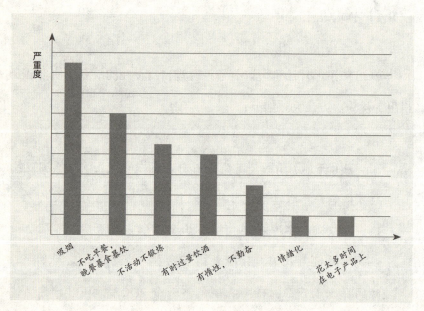

图 7.2　某人缺点的柏拉图

D（执行）阶段。严格执行所制订的解决方案即行动计划，不容许有违反此行动计划的动作存在。完成计划中所有的事宜：把戒烟列入个人的短期目标、丢掉所有的香烟和吸烟用具、两餐之间喝 6—8 杯水或饮料、吃水果、用钢笔或铅笔取代手持香烟的习惯动作、穿干净没烟味的衣服、培养有益于健康的运动习惯。

C（检查）阶段。3 个月后检验纠正措施的实施效果，看是否已经彻底把烟戒掉。

A（分析处理）阶段。如果实施此行动计划后，并没有成功地把烟戒掉，则需要进一步地分析其原因。然后在下一个 PDCA 循环中采取不同的行动计划，如不可喝刺激性饮料，改喝牛奶、果汁和谷类饮料；饭后到户外散步，做深呼吸 15—30 分钟；将大部分时间花在图书馆或其他不准抽烟的地方；饭后刷牙或漱口等。实施新的一轮 PDCA 循环，验证其效果，直到最后成功地把烟戒掉。

然后，根据柏拉图中所列的下一个主要缺点，制定类似的 PDCA 法的改正措施，执行此 PDCA 中的各个步骤。当下一个 PDCA 循环完成后，检验此缺点是否已经克服掉；如果此缺点已经被消除，再针对下一个缺点制定另一个 PDCA 法的改进措施，直至把自己身上的缺点全部改正。把 PDCA 法作为个人素质持续改进提高的一种常用的质量管理工具，就可以使自己日趋完美，更加优秀。

本章介绍的几种质量管理方法和工具，只是众多的质量管理方法和工具中常用的几种。运用这些质量管理方法和工具，可以帮助自己提高在工作和生活中的技能，解决所遇到的问题，并且改正自身的缺点，不断提高个人的能力，使自己变得更具有竞争力。

这几种常用的质量管理工具方法具有非常广泛的适用性。尽管人们需要提高的能力多种多样，需要解决的问题千变万化，需要改进的项目是不尽相同的，但都可以运用这些质量管理方法来达到目的。因为这些质量管理方法是通用的。

本章介绍的这几种质量管理方法，通常都需要与第 6 章讲述的质量工具结合在一起使用，以分析产生问题的原因，然后制定并实施纠正和预防措施以解决问题。不同问题产生的原因以及纠正和预防措施是不尽相同的，需要根据问题和收集到的数据作分析和判断，但采用的质量管理的方法和工具来解决问题的模式是相同的。

在工业生产中使用的质量管理的工具和方法有很多，本书只是举例说明怎样在个人质量管理体系中运用这些质量管理工具和方法。

▶ 后 记

人生如此美好，不应放任自流

当今世界处于科技突飞猛进、生活水平不断提高的时代。而且，处处充满了竞争，这让人们不得不追求成功和优秀。个人的技能和素质的培养和提高以及人生规划、动力目标的设定和实施，是让人们变得更加优秀的重要途径。实施生活中的质量保证体系，可以减少差错，提高工作效率，提高生活品质，是让人们走向成功的有效方法。因此，建立和实施个人质量管理体系可以提高个人素质和技能，提高个人的竞争力。

本书介绍的建立个人质量管理体系的方法有：

★建立一个"个人质量方针"，明确个人的人生准则，正确把握自己的人生方向。

★作好人生的战略规划。全面分析自身的特点

（SWIFA 法），包括强项、弱项、理想、适合项和回避项。除了主观愿望外，还需考虑所处的客观环境和具备的条件、个人性格特征等。在充分认清自己特征的基础上，再制定适合自己的人生战略规划，选择将自身的特长和理想相结合的领域作为未来的发展方向。

★明确个人的动力目标，包括人生目标，长期、中期和短期目标。设定实现这些目标的途径，并根据个人动力目标来制订个人行动计划，并加以实施。

★建立自己需要的个人质量保证"程序文件"，严格执行程序文件中的标准流程。

★建立自己需要的个人质量保证"操作指导书"，严格执行操作指导书中的标准操作步骤。借助于操作指导书来提高个人在某方面的技能，包括学习、工作和爱好，丰富自己的生活。

★建立和运用生活中需要的"记录表格"。收集与自己生活相关的数据等，作为指导自己日常生活的指南。

★根据自己在生活和工作中的需要，有计划和有目标地培养和提高自身的竞争力，包括硬竞争力和软竞争力。

★在日常工作生活中提高效率，为自己制订详细的行动计划并及时有效地完成。使自己时刻在进步并有所收获，而不是虚度时光。

★当有大的过错发生且责任在自己时，利用质量管理工具针对自己所犯的过错加以分析，找出过错产生的可能原因，并分析得出根本原因。在此基础上，采取纠正和预防措施并验证实施的效果，直至问题彻底解决并杜绝其再次发生。对尚未发生的，但可能发生的大的事故，应制定出有效的预防措施，以防止其发生或把其可能造成的损失降到最小。

★利用质量管理工具来分析自己某项技能的不足，并找出根本原因，从而制订并实施有效的行动计划及操作指导书，来提高自己在这方面的技能。

★运用个人质量管理体系和相应的质量管理工具，不断地改掉个人的主要缺点。开展全面个人优质化管理，使自己在各个方面都有所提高，从而变得更加优秀。

本书的著者创建的个人质量管理体系由几部分组成：个人质量保证体系、人生战略规划及行动计划、采取有效的纠正预防措施、应用质量管理工具来提高个人的技能、个人素质的全面改进和持续提高等。

在生活中建立个人质量保证体系，可以帮助人们以质量保证的方式来正确地运行和操作日常生活中的事项，减少或避免失误的产生，从而提高工作质量水平和事业成功率。建立和实施个人质量保证体系这一任务本身就是自我提高的过程。在生活中建立个人质量保证体系需要很多的时间和精力。特别是"个人质量管理体系"是本书首次提出来的一个全新的概念，目前尚处于起始阶段，需要人们逐步摸索探讨，来建立和实施适合自己的个人质量管理体系。建立和完善个人质量管理体系也是一个持续改进的过程。人们需要严格执行自己的质量保证文件，同时还需定期对其做必要的修改，以使其切合实际。

实施个人战略规划，可以帮助自己科学地、合理地对未来发展作出长期和短期的规划，指导自己的人生进程，以减少或避免在人生的旅途中错误的发生。个人动力目标的实现需要与正确的途径相结合，而且是基于一个个行动计划的实施与完成。只有通过勤奋努力和孜孜不倦的付出，才能在人生的旅途中取得应有的成绩。用SWIFA法来作全面的自我分析，认清自己的强项、弱项和理想，从而得出自己的适合项和回避项。自己的强项和理想相重合的领域，就是适合自己发展的方向。为了能够在人生旅途中处于不败之地，重要的是持续发挥个人的强项，并且在工作中充分运用这一强项。与此同时，也要努力改进自己的弱项。当你的能力未能完全达到你所从事的工作所要求具备的能力时，应该列出你在哪些方面需要改进，并制定和实施改进措施来加以提高。

对日常生活及人生中出现的过错、失误和不合格项等，运用质量管理工具来分析问题产生的根本原因，并在此基础上制定、实施有效的纠正和预防措施，以防止此类错误的再次发生。运用个人质量管理体系和质量工具可以有效地提高个人技能，解决存在的问题，发挥自身优点和专长，改正缺点，增强个人学习和掌握新技能的能力，提高生活质量。

如果人们在不远的将来能够逐步完善自己，提高个人素质和竞争力，有计划并有效地掌控自己的未来，以及在日常生活中减少错误的决定，那么，就不仅可以减少因个人的失误所造成的不应有的损失（包括在时间上和物质上的损失），为我们的后代节省宝贵的资源，而且还将为人类文明的进步作出贡献。在物质生活水平日益提高的同时，在精神生活方面也会再创新高。

本书将会在一定程度上改变人们的思维方式，帮助人们树立自强上进的信心，有效地提高自身素质并在个人生活的各个方面实施优质化管理，更加合理地把握自己的现在和未来，给人生带来新的飞跃。本书将帮助人们变得更加优秀，为人们走向成功提供了有效的管理方法，是极有价值的参考书籍，将为人类的精神文明开辟一个新的领域。

读过此书后，读者会对本书中论述的"个人质量管理体系"这一全新的概念有一个初步的认识和了解；并且意识到自己可以在一定程度上更好地优质化管理自己的生活和人生。在最初阶段，即使没能把个人质量保证文件以书面的形式确定下来，而是把这些知识保留在头脑中，同样可以指导自己的行动，起到自我管理的作用。在这一阶段，最好是从某一部分（自己最需要的部分）入手来建立个人质量管理体系，然后再逐步推广到其他部分。

建立和运用个人质量保证体系需要很长时间来摸索和探讨，可以先重点考虑从以下几方面来提高自己，然后逐步完善：

　　★对自己经常做的某些重要的事情，编写出个人质量保证文件，包括"个人质量方针"。

　　★在采用 SWIFA 法分析自身特点的基础上，制定自己的动力目标（包括人生目标，长期、中期和短期目标）及实现目标的途径，最大限度地发挥出自身的潜在能量。

　　★使用《行动计划－工作手册》或其他方法来管理日常的行动计划，并认真实施和完成。

　　★不断地培养和提高自身的硬竞争力和软竞争力，依靠过硬的本领为自己创造财富和幸福，实现优质化的人生。

　　★利用质量管理工具来提高自身素质。对不理想之处进行分析，找出根本原因，制定出对应的改进措施并实施，以达到人生优质化的目的。

　　人们来到这个世上是为了更好地享受人生，阅尽人间春色。所以，人们应该丰富自己的生活，提高生活质量。人们要持续提升自己，发挥自己的长处，弥补不足之处，使自己持续处于不败之地。

　　学无止境。如果一个人活到老学到老，不断保持活力和魅力，那么其生命中的每一天都会充满意义。

人无完人。重要的是知错就改，从挫折中摸索出成功的方法。

助人为乐。当你能够做一点有助于他人的事情，或能够与他人分享你的知识、经验和创新性的观点时，那将是莫大的快乐。

珍惜时间。时光老人把每一寸光阴均等地分给了世上的每一个人。我们应该在努力学习和工作的同时，以各种各样的方式尽情地享受美好的生活，而不是虚度光阴。

最后愿与读者共同分享下面这段"警世名言"：

人生的最高哲学是真诚，最大无能是欺骗；

人生的至上精神是奋进，可悲思想是颓废；

人生的最大光荣是勤俭，最大耻辱是奢侈；

人生的最高风范是清廉，最大卑鄙是贪赃；

人生的最大财富是健康，最大贫穷是无知；

人生最高境界是真善美，最大陷阱是毒娼；

人生的最高功德是施舍，莫大罪过是掠夺；

人生的最高血性是仗义，泯灭理性是麻木；

人生的最佳心境是知足，致命癌毒是过欲；

人生的最高品格是忍让，最大糊涂是好斗；

人生的长寿法宝是心宽，短命基因是气狭；

人生的最高秘诀是谦和，最大失策是自大；

人生的最高支柱是自强，最大破产是绝望；

人生的最高尊严是自主，最大悲哀是奴性；

人生的最高理智是自警，最大精明是识人；

人生的最高享受是求知，最大无聊是虚度；

人生的最大怪胎是嫉妒，完美天性是仁慈；

人生的最大折磨是私情，最高福乐是超脱；

人生的最大敌人是自己，可靠朋友是客体；

人生的最好归宿是流芳，最佳遗产是精神。